Margalith Kleijwegt

„Schaut endlich hin!"

Margalith Kleijwegt

„Schaut endlich hin!"

Wie Gewalt entsteht –
Bericht aus der Welt junger Immigranten

Aus dem Niederländischen
von Rosemarie Still

Mit einem Nachwort von
Christine Henry-Huthmacher

FREIBURG · BASEL · WIEN

Die Übersetzung wurde von der
Konrad-Adenauer-Stiftung gefördert.

Die deutsche Ausgabe wurde von der Autorin
bearbeitet und gekürzt.

Titel der Originalausgabe:
Onzichtbare ouders © 2005 by Margalith Kleijwegt.
Published by Atlas/Plataan, Amsterdam.

Umschlagkonzeption und -Gestaltung:
Groothuis, Lohfert, Consorten|glcons.de

Autorenfoto: © Bert Nienhuis
Umschlagfoto: © Klaphake/teamwork

Satz: Dtp-Satzservice Peter Huber, Freiburg
Herstellung: fgb · freiburger graphische betriebe 2008
www.fgb.de

Gedruckt auf umweltfreundlichem, chlorfrei gebleichtem Papier
Printed in Germany

ISBN 978-3-451-29823-3

Inhalt

Nachwort von Christine Henry-Huthmacher

Verabredung

EIN NASSKALTER TAG. Ich fahre mit dem Fahrrad zu
Samir Benali. Er wohnt in Slotervaart, Amsterdam-West.
Die Wohnhäuser in diesem Stadtteil wurden in den fünf-
ziger Jahren erbaut. Samir kommt in der Schule relativ gut
mit, Fünfen und Sechsen hat er kaum. Einer seiner Lehrer
bezeichnet ihn als wissbegierig. Ein anderer sagt, er sei ein
netter Junge.

Eine Woche zuvor hatte ich bei ihm angerufen, um
mich mit seinen Eltern zu verabreden. Sein Vater war am
Telefon.

„Ich schreibe ein Buch über die Schulklasse Ihres
Sohnes, dürfte ich Sie vielleicht einmal besuchen?"

„Ich Marokkaner, ich nicht verstehen", sagte Herr
Benali laut.

„Schule hat Ihnen einen Brief geschrieben ...", versuch-
te ich ihm zu erklären.

„Ich Marokkaner."

Ich fragte, ob Samir zu Hause sei, dann könne er vielleicht übersetzen.

„Nein", sagte der Vater. „Nicht zu Haus. Niemand
da!"

Als ich ein paar Tage später noch einmal anrief, war
Samir selbst am Telefon. Er legte die Hand auf den Hörer,
um sich mit seiner Mutter zu beraten. Ich sei herzlich
willkommen, sagte er. Ich solle mich aber darauf einstel-
len, dass seine Eltern kein Niederländisch sprächen. Er
würde dann übersetzen.

Abfall liegt auf der Straße vor dem Haus. Leere Milchtüten, Getränkedosen, Zigarettenkippen. Eine Frau mit Kopftuch hängt auf dem Balkon Wäsche auf, neben den beiden Satellitenschüsseln, die an der Hauswand befestigt sind. Unten auf dem kleinen Parkplatz riecht es nach leckerem Essen. Zwei Bewohner schleppen einen Kühlschrank in die Wohnung neben den Benalis.

Als ich bei Samir klingle, reagiert niemand. Ich sehe, dass die Haustür offen ist, drücke leicht dagegen und bin im Haus. Im Treppenhaus höre ich die Stimme eines Jungen. Samir, klein, schmächtig, fünfzehn Jahre alt, steht oben im ersten Stock. Er hat sich breitbeinig vor der Wohnungstür postiert. Seine Augen funkeln. „Sie dürfen nicht reinkommen", sagt er. „Meine Eltern sind nicht da."

„Wir haben den Besuch doch verabredet", sage ich.

Samir zuckt die Schultern, tritt nervös von einem Fuß auf den anderen. Ich spitze die Ohren, ob ich drinnen Stimmen höre. Seine Eltern, sagt er, seien in Utrecht, zu Besuch bei Verwandten. Sie kämen in einigen Tagen zurück. „Sie besuchen doch auch manchmal Verwandte?"

„Haben sie vergessen, dass ich komme?", frage ich.

„Nein", sagt er. „Als Sie anriefen, hab ich so getan, als ob ich mit meiner Mutter spreche. Aber sie war nicht da. Und jetzt ist sie auch nicht da. Ich bin ganz allein."

Inzwischen stehen noch zwei etwas größere Jungs auf der Treppe.

„Deine Brüder?", frage ich.

Nein, Freunde. Alle drei schauen mich feindselig an, die Stimmung ist gespannt.

Samirs Geduld ist am Ende. „Ich darf niemand in die Wohnung lassen, auch nicht meine Freunde."

Die zwei Jungs bauen sich dicht neben mir auf.

Samir und seine Freunde machen mir mit Blicken deutlich, dass ich zu verschwinden habe.

Ein paar Tage später rufe ich noch einmal an. Samirs Schwester ist am Telefon, und ich frage sie, was los gewesen sei. Ein Missverständnis. Sie werde mit ihren Eltern sprechen. Natürlich könne ich noch mal vorbeikommen. Sie würde mich heute oder morgen anrufen.

Doch sie ließ nichts mehr von sich hören.

Die Lehrer des *Calvijn met Junior College* kennen Samirs Eltern nicht. Sie haben sich noch nie in der Schule sehen lassen, kommen auch nicht zu den Elternabenden. Einmal rief der Klassenlehrer vorher bei allen Eltern an und sagte, dass die Teilnahme am nächsten Elternabend Pflicht sei. Natürlich, habe Samirs Vater gesagt. Wenn Sie das möchten, dann kommen wir.

Trotzdem sind sie nicht erschienen.

Die Schule

ICH WAR NEUGIERIG AUF DIE ELTERN, deren Kinder den Hauptschulzweig eines „schwarzen" Oberstufenzentrums besuchen. Warum bekommt man so wenig von ihnen mit? Sprechen sie kein Niederländisch? Vermeiden sie deshalb den Kontakt zu ihrer Umwelt? Oder leben sie absichtlich isoliert und möchten mit dem Rest der Welt nichts zu tun haben? Ich war neugierig auf ihr Leben. Haben sie Arbeit? Was wissen sie vom Schulalltag ihrer Kinder? Nehmen sie daran Anteil?

Meine Wahl fiel auf eine fast durchgängig „schwarze" Klasse im *Calvijn met Junior College* in Amsterdam-West: die 2K (die Altersstruktur entspricht der deutscher Achtklässler). Ende 2003 lernte ich sie kennen und begleitete sie ein Jahr, auch als sich die Klasse nach den Sommerferien 2004 zerstreute, weil die Schüler danach in der angegliederten Berufsschule eine eigene Richtung wählten: Pflege, Wirtschaft und Verwaltung oder Technik.

Amsterdam-West war bis in die siebziger Jahre eine Gegend, in der hauptsächlich kinderreiche niederländische Familien wohnten. Die Häuser waren relativ neu, oft nach dem Krieg erbaut, die Mieten bezahlbar. In den 1970iger Jahren, als zunehmend Migranten in die Niederlande kamen, wurde dieser Teil Amsterdams zum Anziehungspunkt für die meist großen türkischen und marokkanischen Familien. Niederländer fühlten sich wegen des häu-

figen Wechsels der Bewohner vielfach unbehaglich. Sie
zogen in Neubaustädte im Flevopolder, um nicht zwischen den Migranten leben zu müssen. Manche Viertel in
Amsterdam-West (180.000 Einwohner) wurden zu Ghet-
tos mit ausschließlich „schwarzen Schulen", so dass Kinder aus Migrantenfamilien kaum mit niederländischen
Kindern in Kontakt kamen.

In so einem Stadtviertel wuchs Mohammed Bouyeri
auf, ein junger, radikaler Muslim, der im November 2004
den Filmemacher Theo van Gogh auf offener Straße
ermordet hatte. Der Mord bewirkte einen gewaltigen
Schock. Die Bilder des toten Filmemachers, der mit einem
Messer im Bauch auf der Straße lag, gingen um die ganze
Welt. Bouyeri hatte in Slotervaart eine „schwarze Schule"
besucht, seine Eltern sprachen kein Niederländisch. Trotz
eines Abschlusses, der mit dem deutschen Fachabitur ver-
gleichbar ist, fühlte er sich von der niederländischen Gesellschaft nicht akzeptiert. Mit Anfang zwanzig wandte er
sich vom Westen ab und wurde zunehmend radikal. Die
Wohnung, in der er aufgewachsen war, ist nur einen Stein-
wurf vom *Calvijn* entfernt.

In unmittelbarer Nähe der Schule liegt der Rembrandt-
Park mit seinen gewundenen Wegen, Fußballplätzen und
einem Kinderbauernhof. Desgleichen der berüchtigte
Bahnhof Amsterdam Lelylaan, der von Jugendbanden
unsicher gemacht wird. Nichtsahnende Fahrgäste wurden
dort so oft beraubt, dass der Bahnhof vor einigen Jahren mit Überwachungskameras ausgestattet wurde. Diese
Maßnahme sorgte eine Zeitlang für Abhilfe, die Zahl der
Diebstähle ging zurück. Doch in letzter Zeit ist der Bahnhof wieder ein unsicherer Ort.

Das *Calvijn met Junior College* liegt im Stadtteil Slotervaart. Die Bezirksverwaltung betonte in der Zeit, als ich mich in der Schule umsah immer wieder, wie gut es in ihrem Viertel liefe. Alle Sprachkurse hier seien voll belegt, sagten die Beamten, und die Eltern nähmen regen Anteil am Schulleben ihrer Kinder.

Das war Verwaltungssprache, die Realität sah anders aus.

Slotervaart ist schon seit Jahren ein Problemviertel. Am August Allebéplein, einem Platz im Zentrum von Slotervaart, kam es 1998 zu heftigen Krawallen. Marokkanische Jugendliche fackelten Mülleimer ab und lieferten sich Schlägereien mit der Polizei.

Die Zahl der Schulschwänzer ist hier relativ groß, die Kriminalitätsrate hoch. Dem jetzigen Bezirksbürgermeister – er trat im März 2006 sein Amt an –, sind die Probleme bewusst. Der aus Marokko stammende Ahmed Marcouch ist der erste Politiker, der vor der Anziehungskraft des Radikalismus gewarnt hat. Er kennt viele junge Muslime, die sich von einer fundamentalistischen Auslegung des Islam mitreißen lassen. Zum Amtsantritt legte er einen „Aktionsplan gegen Radikalisierung" vor und kündigte erste Ergebnisse bis Ende 2008 an. Marcouch möchte verhindern – und dafür scheut er weder Mühe noch Kosten –, dass junge Muslime in die Isolation geraten. Nicht nur ihnen, sondern auch ihren Eltern müssen die Gefahren der Radikalisierung bewusst gemacht werden.

Das *Calvijn met Junior* gleicht vom Schultyp her dem *Terra College* im Südwesten Den Haags, wo im Januar 2004 der Konrektor Hans van Wieren von einem türkischen Schüler, der sich ungerecht behandelt fühlte, erschossen wurde. Wie das *Terra College* ist das *Calvijn* ein Oberstufenzentrum, das Hauptschüler auf den berufsbildenden Unterricht vorbereitet.

Die Mehrheit der Schüler im *Calvijn* hat einen marokkanischen Migrationshintergrund. Bei den anderen handelt es sich hauptsächlich um Kinder türkischer oder surinamischer Herkunft. Die Schüler brauchen Struktur, sagen die Lehrer, die ihnen das Elternhaus kaum biete. Ihre Schützlinge benötigen besondere Anregungen, die sie ihnen in vielerlei Hinsicht auch zu geben versuchen.

Seit dem Anschlag auf das New Yorker *World Trade Center* verstärkte sich bei vielen Schülern das Bewusstsein dafür, Muslim zu sein. Sie grenzen sich von den Holländern, den „tatas", ab. Nach dem 11. September 2001 hätten ihre Schüler „viel aufgestaute Wut abgelassen", sagen die Lehrer.

Einige Mädchen und Jungen identifizierten sich damals mit Murat, dem Mörder von van Wieren. Sie könnten Murat verstehen, sagten sie. Ein marokkanisches Mädchen, eine Achtklässlerin, ging sogar so weit, dass sie im Internet bekannt gab, sie würde, inspiriert von Murat, gleichfalls einen Lehrer erschießen. Der letzte Satz ihrer Sympathiebezeugung lautete: *I Love You Murat.* Die Polizei wurde vom Webmaster der betreffenden Website gewarnt und verhaftete das Mädchen zu Hause.

Die ganze 2 K kannte das Mädchen und hatte so etwas gerade von ihr nicht erwartet. Einige Schüler setzten sich öffentlich für sie ein. Was habe sie denn schon getan?

Ein Lehrer erzählte, dass aus seiner vergnügten, fröhlichen Schülerin innerhalb weniger Monate eine strenge Muslima geworden sei. Sie habe sich geweigert, ihm die

Hand zu geben, als er ihr ein gutes neues Jahr wünschen wollte. Das passt nicht zu meiner Kultur, sagte sie.

Im vergangenen Jahr war es relativ ruhig im *Calvijn*. Jeder hatte befürchtet, die Stimmung könnte nach dem Mord an Theo van Gogh eskalieren. Vor allem, nachdem rechts-radikale Jugendliche in Uden im Süden der Niederlande eine islamische Grundschule niedergebrannt hatten.

Doch die Befürchtungen waren unbegründet. Obwohl es Schüler gab, die sich mit Mohammed Bouyeri solidarisch erklärten, es sogar begrüßten, dass Theo van Gogh umgebracht worden war. „Möge Allah den Mörder von Theo van Gogh mit dem Paradies belohnen", schrieb eine Schülerin im Niederländischunterricht. Andere sammelten ein paar Tage nach dem Mord Geld für die Familie von Mohammed Bouyeri.

Das eigentlich Überraschende war jedoch, dass der Mord, der die ganze Nation in Atem hielt, die meisten Schüler nicht berührte. „Wissen Sie, dass Vincent van Gogh ermordet wurde?", fragten ein paar Kinder einen Lehrer.

Der entsprechende Lehrer: „Danach herrschte eine Zeitlang Ruhe, aber nun fällt mir auf, dass Schüler anti-semitische Bemerkungen machen. Die Juden sind an allem schuld, ist ihre feste Überzeugung. Die Juden müssen sterben. Warum, frage ich mich."

Ich lernte die Schüler der 2K Ende des Jahres 2003 kennen. Dreiundzwanzig quirlige Jungen und Mädchen in der Pubertät, die nach diesem Schuljahr ihre endgültige Fachrichtung wählen mussten. Die Jungen interessieren sich meist für eine technische oder kaufmännische Ausbildung. Die Mädchen möchten Verkäuferin werden oder entscheiden sich für einen sozialen Beruf wie Familienhelferin oder Altenpflegerin.

Jessica Jager ist die einzige niederländische Schülerin in der Klasse. Zehn Kinder haben marokkanische Eltern, sechs sind türkischer Herkunft, drei Elternpaare stammen aus Suriname, Melissa Ramesars Vater ist Surinamer, ihre Mutter Kenianerin, Rudis Vater kommt auch aus Suriname, seine Mutter aus der Dominikanischen Republik. Dwight hat indonesische Eltern.

Eines haben alle Familien gemeinsam: Sie wohnen in Amsterdam-West. Außer Bekir Erdogan beziehungsweise dessen Eltern. Bekir wohnt unter der Woche nun schon das zweite Jahr mit neunundsiebzig türkischen Jungs im Ekmel, einem türkischen Internat, nur einen Katzensprung von der Schule entfernt. Am Wochenende ist er meist bei seinen Eltern, doch ab und zu bleibt er auch im Internat, sogar in den Schulferien. Seinem Vater ist das sehr recht. So hat er die Gewissheit, dass Bekir sich nicht auf der Straße herumtreibt oder etwas ausfrisst.

Ich habe neunzehn der dreiundzwanzig Schüler zu Hause besucht. Mein Vorhaben habe ich schriftlich angekündigt, in Niederländisch, Arabisch und Türkisch. Auch die Schule schrieb einen Brief an die Eltern mit der Bitte, mich zu empfangen. Es war oft nicht einfach, eine Verabredung zu treffen. Die Eltern waren misstrauisch oder begriffen nicht, was ich wollte. Zudem sind sie es nicht gewohnt, dass ein Niederländer zu ihnen nach Hause kommt. „Ich finde es so nett, dass Sie hier sind", sagte die Schwester von Cemal Altan mehrmals während meines Besuchs. „Zu uns kommt nie ein Niederländer nach Hause."

Die Klasse

JANUAR 2004. Ein ganz normaler Vormittag. Die Schüler der 2K rennen, nein stürmen ins Klassenzimmer. Die hübsche Aziza, die stille Melissa, der hektische Mohammed, der lebhafte Samir: Nur Jasons Platz bleibt leer. Er fehlt schon seit Wochen.

„Schlagt eure Bücher auf", ruft Henk Jongkind, der Niederländischlehrer und Mentor der 2K, als alle endlich ihren Platz eingenommen haben. Heute sind Komposita an der Reihe. „Wer weiß, was eine Schlüssellochoperation ist? Die Frage haben wir gestern nicht beantwortet."

Schweigen.

„Dwight, sag es uns."

„Ich weiß es nicht."

„Wer weiß es?"

Mohammeds, Hassans und Alis Blicke sind stur auf ihre Bücher gerichtet. Ihre Tische stehen neben Jongkinds Pult, so dass er sie im Auge behalten kann.

Die Jungs der 2K sind schwierig, schaukeln sich gegenseitig hoch.

„Schreibt mit." Henk Jongkind erklärt, wie eine Schlüssellochoperation ausgeführt wird. Als er sagt, dass ein solcher Eingriff bei Männern in manchen Fällen durch den Penis geschieht, rutschen die Schüler vor Verlegenheit und Aufregung unter den Tisch.

Als nächstes kommt das Wort „Cybersex" dran. Die Schüler haben keine Ahnung. „Sex übers Internet. Schreibt es auf."

Große Bestürzung.

„Ihr wisst doch wohl, was Sex ist?", fragt Jongkind.

„Nein, Herr Jongkind", rufen die Schüler frotzelnd.

„Das werde ich eurer Mutter sagen."

Die Mädchen sitzen auf der linken Seite, am Fenster. Sie sind lieber unter sich. Aber sie sondern sich auch von den Jungs ab, weil sie von ihnen geärgert und gehänselt werden. Nur Jason war eine Ausnahme. Er ist nicht krank gemeldet. Niemand weiß, was mit ihm los ist. Auch Henk Jongkind hat es bisher nicht geschafft, Jasons Eltern zu kontaktieren.

Aziza schaut fast während der ganzen Stunde aus dem Fenster. In ihren Mantel geduckt, scheint sie den Lehrer kaum zu hören. Sie ist fünfzehn und trägt kein Kopftuch. Noch nicht. Die Mädchen reden fast täglich über dieses Thema. Dann versprechen sie einander: ab morgen. Doch wenn sie eine Nacht darüber geschlafen haben, schieben sie den großen Augenblick wieder hinaus.

Jihad trägt seit einem Jahr ein Kopftuch. Esra schon seit der Grundschule. Sie hat wunderschöne schwarze Locken, die ihr tanzend auf die Schultern fallen. Esra ist ohne Kopftuch und ohne Brille ein anderes Mädchen. Schön und sanft. Sie kommt aus einer frommen islamischen Familie. Ihre Eltern, die Mutter ist vierunddreißig, der Vater vierzig, werden immer religiöser. Die Regeln des Islam geben ihrem und dem Leben vieler anderer Eltern von Kindern in dieser Klasse Halt und eine Richtung.

Nach Schulschluss stürmen die Schüler aus dem Klassenzimmer. Sie drängeln, jeder möchte als erster draußen sein.

„Am Montag haben wir die ersten drei Stunden frei", ruft Mohammed an der Tür dem Lehrer zu. „Wegen dem Opferfest."

„Tatsächlich?", reagiert Jongkind erstaunt.

Die Tapasbar

MITTE JANUAR 2004, wenige Tage nach dem Tod von Hans van Wieren, dem Konrektor des *Terra College*. Um zehn Uhr morgens stehe ich vor der Haustür der Familie Demircan. Kaum fünfhundert Meter vom *Calvijn* entfernt. Eine Frauenstimme sagt etwas durch die Sprechanlage. Auf Türkisch.

„Verabredung", sage ich. „Verabredung mit Mann."

Die Tür geht auf. Oben an der Treppe steht eine schüchterne Frau, einen Schal um den Kopf, ein Handy in der Hand. Sie zeigt auf das Telefon. „Mann", sagt sie mehrmals. Aus ihren Gebärden verstehe ich, dass sie ihn gerade angerufen hat. Wir bleiben vor der Wohnungstür stehen, sie lacht.

Wenige Minuten später kommt er die Treppen hoch, der Vater des fünfzehnjährigen Mehmet Demircan. Ein kleiner Mann, der älter aussieht als vierunddreißig. Herr Demircan war auf dem Weg zu Mehmets Schule. Er dachte, wir hätten uns dort verabredet.

Im geräumigen Wohnzimmer sieht mich Herr Demircan fragend an. Im Fernseher läuft ein türkisches Unterhaltungsprogramm, tanzende Mädchen in glänzenden blauen Kostümen. Die neue Satellitenschüssel empfängt keine niederländischen Sender. „Nicht nötig", sagt Herr Demircan in gebrochenem, doch gut verständlichen Niederländisch.

Er geht, wie er sagt, in wenigen Jahren mit seiner Frau und den drei Kindern zurück in die Türkei. Niederländisch zu sprechen sei deshalb nicht so wichtig.

Bevor sein Sohn Mehmet achtzehn ist, will Vater Demircan die Niederlande verlassen haben. „Ich habe Angst, dass Mehmet sonst in Schwierigkeiten kommt. Jungen in dem Alter haben hier zu viel Freiheit. Sie treiben sich an Orten rum, wo sie nichts zu suchen haben. Manche werden sogar kriminell." Er kennt die Gefahren: „Früher habe ich alles gemacht, was Gott verboten hat. Ich habe gezockt und getrunken. Am Tag meiner Hochzeit habe ich mein Leben geändert."

Herr Demircan möchte seinen Sohn vor Fehltritten bewahren. „Ich sage meinem Sohn, was gut und was schlecht ist. Aber ob er auf mich hört?"

Er und seine Frau stammen aus der Mitteltürkei. Sie wuchsen in der Gegend der religiösen Städte Karaman und Konya auf. Vor vielen Jahren kam sein Vater, Mehmets Großvater, als illegaler Arbeiter in die Niederlande. Er arbeitete schwer, führte ein Leben ohne gesicherten Status, wurde regelmäßig verhaftet und in die Türkei abgeschoben. „Jedes Mal, wenn er zurückkam, brachte er viele Landsleute mit. So kam ganz Konya hierher", lacht Herr Demircan.

Er selbst kam 1983 mit seiner Mutter und seinen Geschwistern. Die Schule wurde für Mehmets Vater zur Katastrophe. Er war zwar lernbegierig, verstand jedoch den Unterrichtsstoff nicht. „Ich bin in jeder Prüfung durchgefallen." Mit sechzehn ging er arbeiten.

Seine Frau, sie ist fünfunddreißig, macht einen sanften und verletzlichen Eindruck. Sie konnte sich nie einleben, sagt sie. „Die ersten drei Jahre habe ich nur geweint." Herr Demircan holte sie 1987 in die Niederlande. „Ich nicht gut Niederländisch sprechen", sagt sie. Sie zuckt mit den Schultern. Zeynep, die jüngste Tochter, fordert Zuwendung. Das Mädchen klettert auf den Schoß der Mutter und zupft sie am Arm. Freundlich weist die Mutter Zeynep zurück, die dann zum Vater auf die Couch klettert.

Die Einrichtung ist karg: eine Couch, ein niedriger Tisch mit Rollen, an dem auch gegessen wird. Auf dem Fernseher steht eine kleine Porzellanplastik des Korans mit einem Minarett daran. An der Wand hängen eingerahmte Korantexte. Vor einem Jahr zogen die Demircans aus dem lebhaften Mercatorviertel, wo sie fünfzehn Jahre gewohnt hatten, in diese ruhige Straße in Slotervaart. Ihre Nachbarn sind nicht mehr Türken, sondern Niederländer. Und das ist der Grund, warum Frau Demircan hier nicht glücklich ist. Was soll sie in dieser großen Wohnung? Neben Menschen, die ihre Sprache nicht sprechen? Eines der Zimmer steht leer, es war für die mittlere Tochter gedacht, doch die wollte nicht allein schlafen. Nun schläft sie schon seit einem Jahr bei ihrer Schwester im Bett.

Frau Demircan versteht ihre Tochter. Sie findet es im Haus auch viel zu still. Wenn sie nur wieder ins Mercatorviertel zurückziehen könnte. Dann eben in eine kleinere Wohnung. In der Nähe ihrer Freundinnen.

Warum sie nicht Niederländisch spricht? „Zwei Jahre Sprachkurs, aber war nicht schön", sagt sie. „Sprechen ist schwer, verstehen ein bisschen."

Sie macht einen verlorenen Eindruck. Warum hilft sie nicht im Kindergarten mit, in dem ihre jüngste Tochter betreut wird? Sie seufzt. „Weiß nicht."

Ihr Mann arbeitet viele Stunden in seiner kleinen Snackbar im Zentrum von Amsterdam. Er geht mittags um zwölf aus dem Haus und kommt erst nach Mitternacht wieder. Wenn sein Laden richtig gut läuft, möchte er ihn verkaufen und in die Heimat zurückkehren. Um die Erziehung der drei Kinder kümmert sich vorwiegend seine Frau.

„Schwierig Kinder", seufzt sie.

Mehmet erzählt daheim nie etwas von der Schule, nichts über den Unterricht, nichts über seine Freunde. Er sagt, dass er seine Hausaufgaben macht, aber ob das auch stimmt? Das kann Frau Demircan nicht kontrollieren. Schule ist für sie ein abstrakter Begriff. Sie hat keine Ahnung, wo Mehmets Schule ist und was ihr Ältester dort macht.

Sie glaubt allerdings, dass er sich in der Schule besser benimmt als zu Hause. „In der Schule hat er Respekt, daheim nicht so."

Verlegen: „Ich bin hier ein bisschen einsam."

Ein halbes Jahr später. An einem warmen Sommerabend gehe ich in Herrn Demircans Snackbar. Zwischen den schick aufgemachten portugiesischen, italienischen und indonesischen Restaurants fällt sie kaum auf. An der Hauswand hängt ein Fähnchen mit einem Kebabspieß, der einzige Hinweis auf den Imbiss. Ein schmaler Raum mit einfachen dunklen Tischen und Stühlen. Auf die linke Wand hat ein Freund von Herrn Demircan eine eigenwillige Ansicht von Häusern an der Seine gemalt.

Herr Demircan steht hinter der Theke. Der kleine Fernseher auf dem großen Kühlschrank ist auf einen türkischen Sender eingestellt. Der Ton ist ausgeschaltet. Ein älterer, schäbig gekleideter Mann mit einer großen Brille isst am vordersten Tisch einen Hamburger. Er kommt jeden Tag, auch zum Reden. „Das Essen schmeckt hier immer gut", sagt er. Herr Demircan lächelt über das Kompliment.

Der Leuchtkasten über der Theke, auf dem die Gerichte abgebildet sind, ist ausgeschaltet. Ein ziemlich dürftiger Anblick.

„Ich will in Richtung Restaurant", erklärt er. „Imbisskunden verzehren zu wenig." Sein Geschäftsinstinkt sagt ihm, dass er *jetzt* etwas anderes machen muss, wenn er in ein paar Jahren ein Restaurant an der türkischen Küste eröffnen möchte. Resolut: „Ich gehe in die spanische, italienische Richtung, ich mache eine Tapasbar."

Ein Cousin von Herrn Demircan sitzt über türkischen Kreuzworträtseln. Er sieht gepflegt aus, Hose mit Bügelfalte, schwarzes Hemd. Schweigend und tief nach vorne gebeugt füllt er die leeren Kästchen des seitengroßen Rätsels aus.

„Mein Cousin ist illegal hier", erklärt mir Herr Demircan die Zurückhaltung des Verwandten. Das Leben für Illegale sei nicht einfacher geworden, meint Herr Demircan. Wo können Leute ohne Papiere noch ein anständiges Auskommen finden? In den Nähereien? Unmöglich, sagt er. Dort werde viel zu streng kontrolliert.

Auf dem Bau, das sei heutzutage die einzige Arbeitsmöglichkeit für Illegale. Schwere Arbeit, Überstunden, aber genug zu tun.

Sein Cousin nickt, lächelt schüchtern und widmet sich wieder seinem Rätsel.

Hier herrscht eine Atmosphäre von Männern unter sich. Ein bisschen schwatzen, rauchen und alkoholfreies Bier trinken.

Herrn Demircans Frau und Kinder sind in der Türkei, sie verbringen dort die Ferien bei seinen Schwiegereltern. Mehmet ist während der Ferien der Mann im Haus. Er muss seine Mutter immer begleiten, wenn sie das Haus verlässt, erzählt Herr Demircan. Eine Woche in einem Luxushotel am Meer, wie in anderen Jahren, ist diesmal nicht drin. Sein Schwiegervater geht zwar auch ans Meer, aber ganz normal, mit Handtuch und Sonnenschirm und selbst zubereitetem Essen. Dazu hat Mehmet keine Lust. Ohne Luxus macht er sich nichts daraus.

Vor den Ferien hat Mehmet regelmäßig die Schule geschwänzt. Sein Vater ist informiert, er findet es schlimm. Er zuckt die Achseln. „Natürlich will ich, dass Mehmet zur Schule geht. Aber wenn er dort nicht erscheint, kann ich wenig tun."

Der Abend kriecht dahin, ab und zu kommen Kunden. Studenten, die ein Bier trinken, einsame Männer, die etwas essen. Leute aus der Umgebung. Herr Demircan lächelt und bedient. Gegen zehn kommt der Nachbar über ihm mit seinem kleinen Sohn. Der kleine Marco hängt dem Vater am Hals und bedeckt ihn mit Küsschen. Pappi, Pappi, sagt der Kleine liebevoll. Er klammert sich an seinen Vater, den er nur am Wochenende sieht. Beide bestellen eine Pizza. Herr Demircan wirft den Pizzateig in die Luft, Marco guckt bewundernd zu.

Pedro kommt herein, der spanische Freund von Herrn Demircan. Er hat an dem Tag Sardinen und Kartoffelsalat zubereitet. Diese Tapas sind nun in den braunen Keramikschalen in der Vitrine, wo bis vor kurzem noch Frikadellen und Kroketten lagen. „In der Straße gibt es noch keine Tapasbar", sagt Herr Demircan zufrieden. Er hat sich über die Zukunft seines Geschäfts viele Gedanken gemacht. Und obwohl er weiß, dass es viele andere Restaurants in der Straße gibt, sogar ein portugiesisches, glaubt er, mit seiner Tapasbar richtig zu liegen. Eine Mahlzeit aus leckeren Kleinigkeiten, prophezeit er, sei eine Marktlücke.

Ahmed, sein türkischer Küchengehilfe, ein kräftiger Mann in knallrotem T-Shirt, hat offensichtlich den ganzen Abend auf einer Matratze hinten in der Küche geschlafen. Als er wach ist, hantiert er schweigend mit Töpfen und Pfannen. Eine Viertelstunde später kommt er mit Tellern dampfender Pasta für Pedro und Herrn Demircans Cousin aus der Küche. Die Männer lachen. „Er ist wie eine Mama!", rufen sie im Chor. Ahmed saß vor kurzem ein paar Wochen im Knast. Er war im Bus angegriffen worden und hatte dem Mann, der ihn bedroht hatte, sein Messer gezeigt, um sich zu verteidigen. Er hatte es nicht benutzt, war aber trotzdem von der Polizei verhaftet worden. Herr Demircan musste die Arbeit solange allein bewältigen. Und doch nahm er sich die Zeit, Ahmed regelmäßig im Gefängnis zu besuchen.

„Wir sind Freunde", erklärt Herr Demircan feierlich. „Wir helfen uns gegenseitig." Nach kurzem Schweigen sagt er mit Nachdruck: „Das tun die Holländer nicht, die helfen sich nicht einfach so." Um dies zu illustrieren, zeigt er mir einen Packen Formulare mit komplizierten Fragen. Von der Stadtverwaltung. Er möchte ein kleines Reklameschild draußen aufhängen. Der ganze Formalitätenkram, um die Genehmigung dafür zu bekommen, übersteigt seiner Meinung nach jedes Maß. „Hier darf man immer weniger. Die Regierung, die Stadt, alle machen es mir so schwer! Ich warte auch schon zweieinhalb Jahre auf eine Parkerlaubnis hier."

Als Herr Demircan beschlossen hatte, sein Lokal umzubauen, beantragte er eine Startbeihilfe bei der Stadt Amsterdam. Der Beamte, der kam und sich die Örtlichkeit anschaute, war, laut Herrn Demircan, von seinen Plänen beeindruckt. „Er äußerte sich sehr positiv." Doch sein Gutachten war vernichtend. „Mein Laden befände sich an der falschen Stelle, es gäbe hier zu viele Restaurants. Er schrieb, dass mein Restaurant keine Zukunft hätte."

Herr Demircan guckt mich mit einem ungläubigen Grinsen an. „Warum sagt so ein Mann zu mir, dass er meinen Plan gut findet? Warum? Statt mir zu helfen, werde ich reingelegt. Was will die Stadt eigentlich? Dass ich meinen Laden zumache und vom Sozialamt lebe?"

Herr Demircan hat Tag und Nacht zu tun. Mit dem Umbau, der Zubereitung neuer Gerichte. Er verteilt Flyer in der Umgebung seines Lokals und hofft, damit neue Kunden zu erreichen. Sein Sohn Mehmet entwarf auf seinem Computer eine Speisekarte, fast unleserlich, so klein sind die Buchstaben. Sie hängt nun in zweifacher Ausfertigung draußen an der Wand.

„Wir sind europäische Bürger", sagt der Freund Pedro kämpferisch.

Inzwischen ist es halb zwölf, und die Luft ist noch immer lau. In der letzten Stunde sind keine Gäste mehr gekommen, aber Herr Demircan denkt nicht daran, vor Mitternacht zu schließen. Auf der Straße stößt ein psychisch gestörter Mann unverständliche Schreie aus. Herr Demircan geht zur Tür und schaut sich um. Er möchte wissen, wer da so schreit und wo der Haschischgeruch herkommt, der plötzlich in sein Lokal weht.

Im September 2004, das neue Schuljahr hat inzwischen begonnen, schwänzt sein Sohn Mehmet wieder die Schule. Jakob Eikelboom, sein Niederländischlehrer und neuer Mentor, hat gleich beim ersten Mal, als Mehmet nicht erschienen ist, schon während des Unterrichts bei seinen

Eltern angerufen. Die Schüler konnten das Gespräch mithören.

Mehmets Mutter ging ans Telefon.

„Sohn ist krank", sagte sie.

„Dann kann ich ihn bestimmt mal kurz sprechen", antwortete Herr Eikelboom.

„Gut", sagte Mehmets Mutter.

Nach ein paar Minuten kam Mehmet ans Telefon.

„Ich bin müde. Ich habe noch geschlafen."

„Du bist also nicht krank?"

„Nein, Herr Eikelboom. Ich bin nicht krank, ich bin müde."

„Dann ziehst du dich jetzt an und kommst sofort in die Schule", ordnete der Mentor an.

„Ja, Herr Eikelboom", sagte Mehmet.

Doch er erschien an diesem Tag nicht.

Im November, einen Tag nach dem Zuckerfest und zwei Wochen nach dem Mord an Theo van Gogh, ist die Straße, in der sich Herrn Demircans Tapasbar befindet, schon weihnachtlich geschmückt. Ein Montagabend. Trotz der Leuchtreklame, die jetzt draußen hängt, sind keine Gäste da. Auf den Tischen liegen Papiertischtücher, die Servietten sind hübsch gefaltet, auf jedem Tisch steht ein Set Essig und Öl. „Der Umbau ist fast fertig", erzählt Herr Demircan zufrieden. „Jetzt ist es ein Restaurant und ich habe die Chance, dass es ein Erfolg wird. Mit dem Imbiss hätte ich pleite gemacht."

Ein Kunde kommt und bestellt eine Pizza, Herr Demircan bindet sich die Schürze um. Seine Pizza sei stadtbekannt, erzählt er. Ein deutscher Tourist habe neulich sogar vier Stück mit nach Deutschland genommen. Er hat beschlossen, noch einmal einen Startkredit bei der Stadtverwaltung zu beantragen und hofft, dass es diesmal klappt. Da er nun ein Restaurant betreibt, ist eine andere Abteilung für seinen Antrag zuständig.

Der Abend verstreicht. Ahmed, sein ehemaliger Küchengehilfe, kommt herein. Er trägt ein rotes T-Shirt, darüber eine schwarze Lederjacke. Er arbeitet nicht mehr bei Herrn Demircan, sondern in einem anderen Imbiss. Dort sei es, erzählt er, sehr, sehr ruhig.

Die Männer sprechen Türkisch miteinander.

Der Mord an Theo van Gogh ist in Herrn Demircans Tapasbar kein großes Thema. Er und Ahmed haben davon gehört, aber was da genau war? Wer Theo van Gogh war? Was er über Muslime gesagt hat? Sie haben keine Ahnung.

„Es ist schlimm", sagt Herr Demircan und zuckt die Achseln. „Es ist passiert, offenbar hatte er viele Muslime beleidigt."

Der Glaube ist wichtig für ihn. „Sehen Sie", erklärt er geduldig, „wir Muslime leben in Erwartung unseres nächsten Lebens." Er zieht einen Vergleich mit seinem Restaurant. „Wenn ich alles richtig mache, wenn ich in der Tapasbar leckeres Essen serviere, kommen mehr Gäste. Mit meinem Glauben ist es eigentlich genauso. Wenn ich jetzt nach den Regeln des Islam lebe, werde ich es in meinem nächsten Leben besser haben. Die Zeit auf Erden ist nicht nur vorübergehend, sie ist auch eine Prüfung."

Die Zeitungen sind voll mit Artikeln über die Abgeordnete der rechtsliberalen Partei VVD Ayaan Hirsi Ali, die schon seit Wochen in einem geschützten Raum untergetaucht ist. Und über Moscheen, die, wie die Parlamentarier Hirsi Ali und Geert Wilders, auf Polizeischutz bestehen, seit eine Woche zuvor eine islamische Grundschule in Brand gesteckt und mehrere Moscheen bedroht wurden.

Die interethnischen Spannungen interessieren die Männer kaum.

Herr Demircan erwartet, dass sein Umsatz steigt, weil seine Gäste jetzt mehr konsumieren. Und wenn die Tapasbar richtig gut läuft, will er sie verkaufen. An die Niederlande bindet ihn nichts. Die Vorschriften seien erdrückend, und nun verschlechtere sich auch die Wirtschaftslage. „Früher haben dir die Holländer geholfen, wenn du in einem Amt jemand gefragt hast, ob er dir beim Ausfüllen der Formulare helfen kann. Heutzutage wirst du weggeschickt und musst sehen, wie du klar kommst. Ich habe den Eindruck, sie gönnen dir kein Glück. Jeden Tag ist wieder irgendetwas. Mal kontrolliert die Feuerwehr, mal kommt einer vom Umweltamt. Das hält man doch nicht aus?"

Viele Türken denken genauso, sagt er: „Vor fünf Jahren haben mich meine Freunde und meine Familie noch ausgelacht. Inzwischen wollen sie auch zurück. Ich sage Ihnen: In zehn Jahren ist die Hälfte der hier lebenden Türken wieder in der Türkei. Da gibt es Arbeit. Da ist unsere Zukunft."

Zu viele Ausländer

VIELE ELTERN VON DEN SCHÜLERN DER 2 K sind in ihren Gedanken nur vorübergehend in den Niederlanden. Sie fühlen sich stärker mit ihrem Herkunftsland verbunden. Sie leben in ihrem eigenen, geschlossenen Familienkreis. Die Holländer, so sagen die meisten, seien zu frei, zu westlich, ihnen sollte man besser aus dem Weg gehen. Wenn es um Kontakte zu Niederländern geht, raten die Eltern ihren Kindern, freundlich und höflich zu sein, aber immer auf Distanz zu bleiben.

Fast alle Eltern besitzen ein Haus in Marokko oder in der Türkei und fahren wenigstens einmal im Jahr dorthin. Eltern, deren Kinder erwachsen sind, reisen häufiger zurück und betrachten ihre Bleibe in den Niederlanden als eine Art Zweitwohnung. Die enge Bindung an Marokko und an die Türkei gilt nicht nur für die erste Migrantengeneration. Auch die zweite und dritte Generation fühlt sich stark mit dem Land ihrer Vorfahren verbunden. Sie sehnen sich manchmal danach, zurückzukehren.

Resul, der neunzehnjährige Bruder von Bekir, einem Schüler der 2 K, springt auf bei dem Gedanken, später in einem kleinen Dorf in der Türkei zu wohnen. Für ihn steht fest, dass er zurückgeht. „Das ist mein Land", sagt er träumerisch. Einer Schülerin der 2 K, Esra El Jakoubi, fünfzehn Jahre alt, gefiel es in den Sommerferien in Marokko so gut, dass sie am liebsten für immer dort geblieben wäre. „Sie hat sich dort viel wohler gefühlt als hier", sagt ihre Mutter.

Rudi, ein anderer Schüler aus der 2K, fliegt in den großen Ferien immer mit seinen Eltern und seiner Schwester in die Dominikanische Republik, die Heimat seiner Mutter. Seine Eltern haben sich dort eine wunderschöne, zweistöckige Villa bauen lassen, mit großen Balkonen und Aussicht auf wehende Palmen. Ihre Wohnung in Amsterdam ist viel zu eng und eigentlich verwohnt. Die Wände müssten gestrichen, der Flur renoviert werden. Rudis Mutter, sie ist immer zu Hause, würde gern umziehen. Ihr Mann zögert. Eine bessere Wohnung kostet mehr Miete, und dieses Geld steckt er lieber in den kleinen Palast in Übersee. Später, wenn er nicht mehr arbeiten muss, wollen sie sich dort für immer niederlassen. Nicht nur wegen des schönen Wetters, sondern vor allem, weil sie sich dort heimisch fühlen.

Geuzenveld, Bos en Lommer, Slotervaart, die Baarsjes. Arme Stadtviertel, weit weg vom Zentrum Amsterdams. Viele Migrantenfamilien sind im vergangenen Jahrzehnt aus anderen Stadtteilen Amsterdams in diese Außenbezirke umgezogen. Öde Fassaden, überall Satellitenschüsseln. Manche Familien haben drei davon; so können sie besonders viele Kanäle empfangen.

Im Bezirk Slotervaart sieht man fast nur Ausländer auf den Straßen. Die Frauen tragen meist lange Gewänder. Die Männer blicken auffallend oft starr vor sich hin. Die Kinder spielen immer draußen, egal ob das Wetter schön oder kalt und regnerisch ist.

Die Mieten sind niedrig. Jeder kennt jeden.

Aber es gibt auch Familien, die das Viertel verlassen möchten. Dabei denken sie vor allem an ihre Kinder.

„Die Gegend hier ist unsicher", sagt der Vater der

Schülerin Jihad El Amrani aus der 2 K wütend. „Jungs laufen mit Messern herum."

Frau Aziz, die Mutter von Ikram, rümpft die Nase, wenn sie über Slotervaart spricht. „Zu viele Ausländer", sagt sie kopfschüttelnd. „Das ist doch nicht gut für unsere Kinder." Das Haus, in dem sie wohnt, soll in den nächsten Jahren abgerissen werden. Frau Aziz weiß schon, wo sie hinziehen möchte. In einen Neubau, unweit von Slotervaart. Viele Migranten, die es bezahlen können, ziehen da hin. „Schöne Wohnungen", sagt sie träumerisch. „Aber teuer."

Ercan Pahmuks Eltern leiden sehr darunter, dass die Wohnung viel zu klein ist. Nur der älteste Sohn hat ein eigenes Zimmer. Ercan teilt sich eins mit seiner Schwester. Seine Eltern schlafen im Alkoven. Der einzige Trost: Einer der Nachbarn ist der Ajax-Spieler Nigel de Jong. Ein Foto des Fußballstars steht auf dem Kaminsims.

Als ich auf dem Fahrrad am späten Nachmittag im Eisregen vor dem Haus der Familie Pahmuk ankomme, spielen viele Kinder draußen. Eine Mutter ruft ihren kleinen Sohn ins Haus, ein anderes Kind tritt immer wieder gegen das Rad eines geparkten Autos.

Die Mutter, die sich aus dem Fenster beugt, ruft etwas auf Arabisch. Das Kind hört auf. Auf der anderen Straßenseite hängt fast steif gefrorene Wäsche auf dem Balkon. Hellblaue Laken und große Unterhosen.

Im kalten Hauseingang liegt ein Stapel Werbung. Im dritten Stock wohnt die Familie Pahmuk schon seit Jahren. Ihre drei Kinder, zwei Jungen und ein Mädchen, sind hier geboren. Die Jüngste geht in die Grundschule, der Älteste macht eine Ausbildung am regionalen Ausbildungszentrum. Ercan ist zum Missfallen seiner Eltern in der 2K des *Calvijn College*. Ein fröhlicher Junge mit einem freundlichen Gesicht. Das Lernen fällt ihm eigentlich nicht schwer, aber er gibt sich nicht genug Mühe, sagen seine Eltern.

Vater und Mutter sitzen auf der Kunstledercouch, Herr Pahmuk legt hin und wieder die Hände an den Kopf, er hat schon seit Monaten heftige Schmerzen. In Kürze soll er operiert werden, die Ärzte können die Ursache seiner Beschwerden nicht finden. Sie wollen prüfen, ob seine Nasenscheidewand vielleicht gekrümmt ist.

Er: „Hier beobachtet einer den anderen, da wird man doch verrückt!"

Sie: „Wir wollen schon seit drei Jahren weg. Die Wohnung ist zu klein."

Er: „Ercan schläft mit seiner Schwester in einem Zimmer. Das geht nicht, er muss Hausaufgaben machen, und sie muss schlafen."

Sie: „Ich will in ein anderes Viertel. Hier sind nur Ausländer."

Er: „Alles, was sie uns anbieten, ist hier in Amsterdam-West."

Sie: „Das bringt uns nichts."

Er: „Wir kriegen keine Wohnung in einer guten Gegend, weil wir einen türkischen Nachnamen haben."

Herr und Frau Pahmuk machen einen niedergeschlagenen Eindruck. Sie sind Muslime, erzählen sie, aber nicht strenggläubig. Sie glauben auf ihre Art und Weise. Und darüber sind ihre Nachbarn empört. Als Herr Pahmuk einmal mit einem Kasten Bier nach Hause kam, äußerten Bewohner des Viertels ungefragt ihre Kritik: „Du bist Muslim!", sagten sie. „Du darfst nicht trinken!" Dass diese

Neigung, sich in alles einzumischen, ihre Wirkung nicht verfehlt, merkte er, als er sich draußen einmal eine Zigarette anzündete und von seiner Tochter in harschem Ton getadelt wurde: „Wenn du rauchst, bist du kein guter Muslim."

Und vor allem die Nachbarn über ihm. „Am Freitagmittag beten sie so laut, dass ich am liebsten wegrennen würde. Warum muss ich jedes Wort hören?"

„Die Regierung möchte, dass wir uns anpassen", sagt seine Frau bitter. „Aber wie soll das gehen, wenn sie uns nicht helfen, dass wir von hier wegkommen?"

Ercans Eltern haben gemerkt, dass sich ihr Sohn verändert hat, seit er im *Calvijn* ist. Von einem munteren, positiven Schüler in einen nervigen, frechen Jungen. Ercan beteiligt sich sogar an den Hänseleien. Er hat es vor allem auf Mazlum abgesehen, einen kurdischen Jungen, den Klassenprimus. Herr und Frau Pahmuk würden ihren Sohn lieber heute als morgen von dieser Schule nehmen. Nicht wegen der Lehrer oder des Unterrichtsstoffes, sondern wegen des negativen Einflusses, der von den anderen Schülern ausgeht. Wegen der Aggression und der ständigen Schikanen untereinander.

Sie könnte sich die Haare ausreißen, sagt Ercans Mutter. Wie konnte ihr Sohn nur in dieser Schule landen? Warum war er nicht gut genug für ein höheres Schulniveau? „Immer wieder spule ich den Film zurück, frage mich, wann er auf die schiefe Bahn geraten ist. War es in der Grundschule? Ein Jahr lang hatte Ercan einen marokkanischen Lehrer. Er hatte Angst vor dem Mann, wir konnten ihn in dieser Zeit nicht dazu bewegen, zur Schule zu gehen. Hätten wir strenger durchgreifen müssen? Was ist damals schief gegangen?"

Ihre zehnjährige Tochter ist der andere Grund, warum sie wegziehen möchten. Sie dürfen gar nicht daran denken, dass ihr das gleiche passieren könnte wie Ercan. Sie sind davon überzeugt, dass ihre Kinder bessere Chancen hätten, wenn sie in einer Schule mit einem geringeren Ausländeranteil wären. Ercan lernt relativ gut und musste die Oberschule trotzdem verlassen.

Der Vater: „Jetzt hat er sich den falschen Jungs angeschlossen und macht alles mit. Ich sehe, wie er abrutscht, und kann nichts dagegen tun."

Die Mutter: „Wirklich, in dieser Schule sind nur schwierige Kinder. Ich sag's Ihnen ganz ehrlich, ich finde das unmöglich."

Terrorkids

HASSAN, ALI, NAJID UND MOHAMMED sind nur in der Schule zusammen, zu Hause besuchen sie sich nie. Schlaksige, „coole" Jungs. In der Schule terrorisieren sie ihre Mitschüler, vor allem die Mädchen. Sie haben eine starke Position, denn der Rest der Klasse hat Angst vor ihnen. Während des Unterrichts ziehen sie ihre Jacken nicht aus. Sie sind immer in Bewegung, schneiden Grimassen, werfen mit Papierkugeln und Fliegern, schwatzen ständig.

Ali bedroht andere Schüler während und außerhalb des Unterrichts, Mohammed macht mit. Najid beleidigt vorzugsweise Lehrerinnen, und Hassan wird sehr ausfallend.

Sie sind gemein, sagen die Mädchen. Mohammed habe Melissa sogar ins Gesicht geschlagen, weil sie Rockmusik mag.

Die anderen Jungs halten den Mund, wenn von diesen Mitschülern die Rede ist. Angenommen, sie sagen etwas, was Ali oder Mohammed nicht gefällt? Wer beschützt sie dann?

Sogar der Niederländischlehrer und Mentor Henk Jongkind, der einiges gewohnt ist, seufzt auf, als er mitteilt, dass die 2K schwierig ist.

Jongkinds Engagement geht weit über Substantive und Adjektive hinaus. Er selbst kommentiert seine Bemühungen eher lakonisch. „Das ist mein Job", sagt er, „im *Calvijn* geht es um mehr als ums Unterrichten."

Es ist schwer, die Jungs in den Griff zu bekommen, obwohl die meisten gerade mal vierzehn sind. Der Unterrichtsstoff interessiert sie nur mäßig, und ihr Gehabe, viel Unruhe und Aggression, passt eher zu Jungs, die ein paar Jahre älter sind.

Die Mädchen gehen freundlicher miteinander um, nur Melissa steht abseits. „Sie ist komisch", sagt Aziza mit einem Achselzucken. Melissa, ein hübsches hindustanisches Mädchen, kommt von einer Schule im Stadtteil Buitenveldert, in der die Umgangsformen nicht so rau sind. Nachmittags besucht sie häufig ihre alten Schulfreundinnen, tauscht sich mit ihnen aus. „Das Klima im *Calvijn* ist nicht gut", sagt sie. „Ich werde immer schikaniert, das macht mir Angst."

Aziza ist zu ihrem Leidwesen das einzige türkische Mädchen in der Klasse. Sie hat lange schwarze Haare, schöne braune Augen. Sie könnte mühelos lernen, tut es aber nicht. Außerdem fehlt sie häufig. Manchmal muss sie ihre Mutter ins Krankenhaus begleiten, um zu übersetzen. Ein andermal hatte sie angeblich aus Versehen zu viele Herztabletten von ihrer Großmutter geschluckt.

„Seine Leute"

Aziza Yilmaz wohnt in der Chasséstraat, einer der armseligsten Straßen im Wohnviertel De Baarsjes in Amsterdam-West. Verschleierte Frauen schleppen ausgebeulte Plastiktüten, Kinder spielen bis es dunkel wird auf der Straße. Bei der Familie Yilmaz im ersten Stock ist niemand zu Hause. Ich warte eine halbe Stunde. Die Januarkälte dringt durch meinen Mantel. Als ich bei der Familie anrief, hatte ich Aziza am Telefon, die mein Anliegen für ihre Mutter übersetzte. Ein neuerliches Missverständnis, wie bei der Familie Benali?

Neben der Klingel ist kein Namensschild. Stehe ich vor der richtigen Wohnung? Ich rufe Azizas Mentor an. Überprüfe die Adresse. „Moment mal", sagt er aufgeräumt. „Ich habe heute morgen noch mit Aziza über Ihren Besuch gesprochen."

Wenig später kommt ein Mädchen aus einer Tür im Parterre, das Aziza ähnlich sieht, fast genau so hübsch, ihre Schönheit ist weniger geheimnisvoll. Es ist Fatma, Azizas Schwester. Aziza sei bei der Oma, die eine eigene Wohnung im Parterre habe, sagt sie.

Sie führt mich in die Wohnung der Großmutter. Aziza ist überrascht, sagt, dass sie mich draußen nicht gesehen habe. Sie hatte versäumt, mir zu sagen, dass ich bei ihrer Großmutter läuten solle.

Ihre Mutter habe die Verabredung nicht vergessen, musste aber dringend mit dem anderthalbjährigen Bruder ins Krankenhaus. Ein Asthmaanfall.

Die Großmutter sitzt auf dem Sofa, kerzengerade, ihr Blick ist resolut. Sie ist mittags aus dem Krankenhaus gekommen, wo sie eine Woche gelegen hat. Das Herz schlug zu schnell. Sie trägt ein altmodisches Kopftuch mit einer Borte, einen dunklen Rock und eine braune Strickweste. Für eine Herzpatientin macht sie einen munteren Eindruck. Mit aufgewecktem Blick mustert sie mich von oben bis unten.

Sie weist die Mädchen an, Tee für mich zu kochen. Nur für mich, sie will keinen. Sie redet gern, mein Besuch scheint eine Abwechslung zu sein. Ihre Enkeltöchter sitzen auf dem Boden und übersetzen. Die Großmutter spricht kein Wort Niederländisch.

„Schule muss sein", sie breitet die Arme aus, um ihren Worten Nachdruck zu verleihen. Dann schweigt sie kurz. „Wenn ich hätte lernen dürfen, hätte ich nicht putzen müssen. Dann wäre ich Ärztin geworden! Ich habe gearbeitet, ich habe geputzt. Und mein Mann? Der hat nichts getan." Empört: „Und jetzt wohnt er mit einer anderen Frau in der Türkei!"

Eine Dreiviertelstunde später kommt Azizas Mutter herein. Die vierunddreißigjährige Frau ist sichtlich erschöpft. Seufzend lässt sie sich auf einen Stuhl fallen. Mit drei Kindern ins Krankenhaus, was für ein Geschleppe. Was nun genau kontrolliert werden musste, wird mir nicht klar. Eine Asthmakontrolle? Oder war es etwas Akutes? Ich bekomme keine Antwort. Die Mutter macht nur ein sorgenvolles Gesicht.

Herr Yilmaz, der Sohn der Großmutter und der Vater der fünf Kinder, wohnt irgendwo anders. Er hat Probleme und im Moment keine Arbeit. Manchmal wohnt er hier bei seiner Mutter.

Das kleine Zimmer bei der Großmutter ist jetzt proppenvoll. Die jüngste Tochter schläft auf einem Stuhl ein. Ihr kleiner Bruder sitzt quietschvergnügt bei seiner Mutter auf dem Schoß. Safaa, die Zweitjüngste, räumt auf. Aziza, die Zweitälteste, beobachtet alles mit halbgeschlossenen Augen. Sie will vorläufig bei der Oma wohnen bleiben, erzählt sie. So kann sie ein bisschen auf sie aufpassen.

Aziza hatte zunächst eine Realschule besucht. Als sie in der ersten Klasse sitzen blieb, musste sie die Schule wechseln. Für sie ist die Schule ein notwendiges Übel. Wenn ich mich anstrenge, sagt sie, schaffe ich den Hauptschulabschluss. „Aber ich bin faul."

„Schule ist wichtig", sagt ihre Mutter, mehr der Form halber. Sie seufzt. Die Last, fünf Kinder allein zu erziehen, sieht man ihr an. Hin und wieder wohnen bei ihr auch noch Pflegekinder, von Verwandten mit noch größeren Problemen.

Aziza soll am nächsten Tag ein Buch besprechen, hat aber noch keine Seite gelesen. Sie zuckt die Achseln. Das Buch liegt in einer Ecke. Ein Buch über den Krieg. Interessiert sie sich dafür? „Überhaupt nicht", sagt sie. Sie musste heute halt was aus der Bibliothek holen und fand so schnell nichts anderes.

Ihre Mutter spricht, wie die Großmutter, kein Niederländisch. Sie hat es vor zwölf Jahren, nach der Geburt ihrer dritten Tochter, aufgegeben, die Sprache zu lernen. Seit der Zeit hat sie Asthma, wie soll sie dann am Niederländischunterricht teilnehmen?

Bei der Totenehrung für die Opfer des Zweiten Weltkriegs am 4. Mai treffe ich Safaa, Azizas Schwester. Die Zeremonie, die hier im Jahr zuvor während der Schweigeminuten von einigen marokkanischen Jungen gestört worden war, die *Joden moeten wij doden* („Juden müssen wir töten") gerufen hatten, findet in großem Rahmen mit Vertretern verschiedener türkischer Gruppen statt. Das Medieninteresse ist enorm. Die Straße ist gesperrt, die Polizei beobachtet das Geschehen. Safaa, die ihre kleine Schwester an der Hand hält, schaut neugierig umher. Nach den zwei Schweigeminuten trinkt sie in der Moschee einen großen Becher starken, süßen Kaffee. Danach zieht es sie wieder auf die Straße. Sie muss noch nicht nach Hause, sagt sie. Erst wenn es dunkel wird.

Kurz vor dem Sommer schaue ich wieder bei der Familie Yilmaz vorbei. Ich möchte wissen, wie es der Großmutter geht, die in einer so anderen Welt lebt. Und der Mutter, die es so schwer hat.

Im Februar hatte ich die Familie noch einmal besucht. Für einen Artikel in der Wochenzeitung *Vrij Nederland* sollte ein Foto gemacht werden. Der Fotograf modelte das Wohnzimmer in ein Fotostudio um. Oma, Mutter und die Kinder posierten auf der Couch. Der Großmutter machte es sichtlich Spaß, bei jedem Klick schaute sie direkt in die Linse.

Heute spielt Safaa mit anderen Kindern auf der Straße. Ihr Onkel und ihre Tante aus Tilburg sind zu Besuch bei ihrer Mutter, erzählt sie. Die Großmutter ist in der Türkei, sie kommt erst im Oktober zurück. Oben sehe ich Frau Yilmaz am Fenster stehen, ich winke. Sie schaut aus dem Fenster. „Ich bin krank", sagt sie mit schmerzverzerrtem Gesicht. Safaa übersetzt. Sie hat überall Schmerzen, vor allem im Gesicht. Zur Illustration legt die Mutter die Hand auf ihre rechte Wange.

Sie fragt, warum ich noch einmal vorbeikommen wolle.

Ich erkläre ihr erneut, was in den Briefen steht. Die Briefe hat sie doch bekommen? Einen auf Niederländisch und einen auf Türkisch. Und die Schule hat auch einen Brief geschrieben. Aziza und ihre Schwester zeigen sich kurz am Fenster, sie winken, verschwinden aber gleich wieder. Als sie sich erneut sehen lassen, frage ich sie, ob ihnen das Familienfoto, das ich ihnen geschickt habe, gefallen hat. Ja, das Foto war schön, sagen sie. Nein, den Brief von der Schule haben sie nicht bekommen.

„Gut", sagt die Mutter. Sie beugt sich noch immer aus dem Fenster. „Geben Sie mir Ihre Nummer, ich ruf an, wenn's mir besser geht." „Das tun Sie bestimmt nicht", rufe ich hinauf. Frau Yilmaz seufzt tief. „Dann kommen Sie nächste Woche. Oder lieber in zwei Wochen. Oder am besten vorläufig gar nicht, mein Sohn muss nämlich morgen ins Krankenhaus. Eine Operation, er hat einen Knubbel im Hals. Es ist schlimm. Kann sehr lange dauern." Sie erwartet, dass er mindestens drei Wochen im Krankenhaus bleiben muss.

Hinter ihr steht plötzlich ein Mann, der ihr misstrauisch über die Schultern blickt. Meine Anwesenheit, und sei es nur hier auf der Straße, ist sichtlich unerwünscht. Ich rufe hinauf: „Ich hätte so gern Kontakt mit Ihnen." Frau Yilmaz nickt und schließt rasch das Fenster.

Safaa, die alles brav übersetzt hat, fühlt sich unbehaglich. Sie senkt den Kopf und scharrt nervös mit dem Fuß. Dann geht die Tür auf, eine Frau in einem langen, traditionellen Mantel kommt heraus, ihr Kopftuch ist mit einer Brosche festgesteckt. Die Tante aus Tilburg, nehme ich an. Sie stemmt die Hände in die Hüften, streckt die Brust heraus, schaut mich wütend an und zischt: „Gehen Sie weg! Sie will nicht."

Die Mutter steht nicht mehr am Fenster.

Von der Schule habe ich erfahren, dass es Probleme mit Aziza gibt. Sie fehlt immer häufiger unentschuldigt, manchmal wochenlang. Der Sozialdienst wird eingeschaltet. Und der Schulpflichtkontrolleur tritt in Aktion – eine niederländische Besonderheit: Ein Zivilbeamter, der sicherstellt, dass die Kinder die Schule besuchen. Wenn sie dies nicht tun, tritt er mit den Eltern in Kontakt, die er zu einer Geldstrafe verpflichten kann. Doch das bringt nichts. Der Beamte schickt der Familie nur eine offizielle Ermahnung, und der Sozialarbeiterin gelingt es nicht, mit Aziza Kontakt aufzunehmen.

Einen Monat später radle ich wieder durch die Straße, in der sie wohnt. Es ist ein schöner Abend. Vor dem Haus sitzen fünf türkische Frauen gemütlich plaudernd in einem Kreis. Unter ihnen Azizas Mutter, sie hat ihren kleinen Sohn auf dem Schoß, der offensichtlich wieder ganz gesund ist.

Wieder einen Monat später, inzwischen ist es August, sehe ich Azizas Mutter schon von weitem, als ich durch die Straße fahre. Die Straße ist aufgerissen, man kann nur über Holzstege radeln. Sie steht vor dem Haus, schaut durchs Fenster in die Wohnung der Schwiegermutter und lacht. Wir grüßen einander, sie ist freundlich. Bei einem Blick über ihre Schultern sehe ich, dass ein Mann mit dem Rücken zum Fenster im Zimmer sitzt. Der Vater ihrer Kinder?

Die Familie Yilmaz beschäftigt mich ständig. Ich möchte so gern verstehen, was los ist. Warum sie mich nicht sehen wollen. Ich frage den Bezirksbürgermeister um Rat. Er schaltet das türkische Bezirksratsmitglied Yucel Kaplan ein, der die meisten türkischen Familien hier im Viertel kennt. Kaplan ruft auf meine Bitte hin Frau Yilmaz an. Wir können noch am selben Tag vorbeikommen.

Um vier Uhr stehe ich mit Kaplan vor dem Haus, die Straße ist immer noch aufgerissen. Wir gehen über die Holzbretter. Kaplan hat einen Blumenstrauß mitgebracht, ich eine Schachtel Pralinen. Kaplan, der zu seinem Leidwesen selbst schon jahrelang arbeitslos ist, sagt, dass er „seine Leute", wie er die türkischen Familien im Viertel nennt, verstehen könne. Er weiß, wie zurückgezogen die Eltern mit ihren Kindern leben, wie wichtig es ist, dass die Frauen Niederländisch lernen. Kaplan unterhält sich mit Mutter Yilmaz auf Türkisch. Der kleine Sohn steht mitten im Zimmer in einem Bettchen, das als Laufstall dient. Die Haare des Kleinen sind bis hoch an den Hinterkopf abrasiert. Er hat ein hübsches, ärmelloses Westchen an, als erwarte seine Mutter hohen Besuch. Aziza sitzt verlegen auf einem Stuhl. Sie trägt grellgrüne Turnschuhe, im improvisierten Laufstall des Bruders liegt ein ähnliches Paar in Minigröße.

Nachdem wir Platz genommen haben, beginnt der Junge zu weinen und lenkt so alle Aufmerksamkeit auf sich. Aziza weiß nicht, wie sie ihn besänftigen soll. Sie nimmt ihn aus dem Laufstall, setzt ihn hinein, immer und immer wieder.

Yucel Kaplan sitzt breitbeinig auf der Couch, Frau Yilmaz neben ihm. Wir schauen uns freundlich an.

Ich frage, was letztes Mal los war. Und warum mich die Tante aus Tilburg so unfreundlich behandelt hat.

„Das war die Nachbarin", sagt Aziza sofort.

Nicht die Tante aus Tilburg?

„Nein", sagt Aziza mit Nachdruck. „Die Nachbarin."

Jetzt verstehe ich überhaupt nichts mehr.

„Mein Sohn musste ins Krankenhaus", beginnt Frau Yilmaz. „Das Asthma, der Knubbel am Hals ..."

Schweigen.

Kaplan übernimmt das Gespräch. Er fragt auf Türkisch, was los gewesen sei. Nach langem Hin und Her schaut er mich triumphierend an.

„Es war wegen des Fotos", sagt er. „Das hätte in *Vrij Nederland* nicht abgedruckt werden dürfen." Im März 2004 war in dieser Zeitung ein Bericht über die Klasse von Aziza mit einem Foto der Familie Yilmaz erschienen.

Die Oma trug ihr Kopftuch, die Mutter nicht. Die Nachbarn hätten sie darauf angesprochen.

Ich sage ihr, dass ich gut verstehen kann, wie unangenehm das für sie ist.

Yucel Kaplan will Nägel mit Köpfen machen. „Wir werden der Familie Yilmaz helfen, Frau Marrelie", sagt er zu mir. Um seinem Vorhaben Nachdruck zu verleihen, klopft er mir lange auf den Oberschenkel.

Bei der Aussicht auf Hilfe wird Frau Yilmaz etwas entgegenkommender. Sie hat ein hübsches Gesicht, wenn sie entspannt ist.

Die Wohnzimmerdecke werde seit einer Reparatur an den Heizungsrohren nur mit Klebestreifen zusammengehalten. Die Yilmaz-Mädchen hätten immer wieder die Wohnungsbaugesellschaft angerufen, aber niemand sei gekommen, um den Schaden zu beheben.

„Frau Marrelie, haben Sie keinen Computer?", fragt Herr Kaplan. „Die Kinder brauchen einen. Die Stadt betreibt jetzt ein Projekt, Computer für Leute, die kein Geld haben, aber wenn Sie einen übrig hätten ..."

Er schickt Aziza in die Küche, um Teewasser aufzusetzen. Seine Brüder und Schwestern, wie er seine Landsleute nennt, sollen gut für ihre Gäste sorgen. Zeigen, dass sie gastlich sind.

Die Mutter sagt, dass sie gern umziehen würde, wo wir nun doch schon dabei sind. Die Wohnung sei zu klein für sie und die heranwachsenden Kinder. Die Mädchen schlafen in einem Zimmer, das Baby bei ihr im Schlafzimmer. Aziza führt uns durch die Wohnung. Die Wäsche muss in der Dusche trocknen, und es gibt kein Waschbecken. Ob die Wohnungsbaugesellschaft da nicht mal was tun könne?

Sie wollen am liebsten im Viertel bleiben, und die Großmutter muss auch mit. Eigentlich, ja, eigentlich bräuchten sie zwei Wohnungen.

Und Safaa, die zwölfjährige Tochter, nicht zu vergessen, die die ganze Zeit für ihre Mutter unterwegs ist. Sie muss dieses Jahr den Eignungstest für die Sekundarstufe machen. Aber sie hat Probleme in der Schule. Obwohl sie sich anstrengt, bekommt sie keine guten Noten.

„Wir gehen zum Direktor!", sagt Kaplan begeistert. „Frau Marrelie, das machen wir, wir müssen mit dem Direktor sprechen!"

Auf Frau Yilmaz' Gesicht zeigt sich ein Lächeln. Aziza, in Jeans, die Haare aufgesteckt, taut auch langsam auf. Im *Calvijn* wurde sie weit zurückgestuft. Inzwischen geht sie an drei Tagen in der Woche zur Schule mit der Aussicht, dass sie demnächst zwei Tage in der Woche ein Praktikum machen kann. Aziza freut sich, dass sie jetzt nicht mehr ganz so viel lernen muss. Sie schwänzt nicht mehr.

Warum sie im letzten Schuljahr so selten zur Schule gegangen sei? Mutter und Tochter reagieren empört. Wie kommt die Schule dazu, so etwas zu behaupten! Die Mutter ist immer noch wütend, dass sie vor den Ferien einen Brief vom Schulamt bekommen hat.

„In der Schule wussten sie, was los war", sagt die Mutter.

„Ich wurde operiert", sagt Aziza aufgebracht.

Weswegen denn? Sie hat ja wochenlang gefehlt, nicht nur am Ende, auch zu Beginn des Schuljahrs.

Aziza zögert: „Ich hatte eine kleine Talgdrüse auf der Brust. Die musste weggeschnitten werden."

Und das dauert so lange?

„Die Wunde war groß. Ich hatte vier Klammern."

Und?

„Ich durfte nicht gleich in die Schule", sagt Aziza.

Aber vielleicht nach ein paar Tagen?

„Und wenn sie dann jemand gestoßen hätte?", ruft ihre Mutter.

„Ja", sagt Aziza, „stellen Sie sich vor, das wäre passiert!"

Es klingelt. Aziza macht auf. Und da steht die wütende Nachbarin, die ich beim letzten Mal für die Tante aus Tilburg gehalten hatte. Sie hat das Kopftuch straff um den Kopf geschlungen und registriert alle Anwesenden mit forschendem Blick, als ob sie hier das Sagen hätte. Die Mutter reagiert verlegen, Aziza wird rot, weiß nicht so recht, wie sie sich verhalten soll.

Kaplan begrüßt die Frau auf Türkisch und lotst mich so schnell wie möglich aus dem Zimmer.

Draußen sehen wir, dass bei der Großmutter der Fernseher läuft. Sie fühle sich nicht gut, erzählt Aziza. Es sei ihr oft schwindlig, und Trubel könne sie nicht ertragen.

Kaplan betont nachdrücklich, dass er für diese Leute alles tun werde. In der Teestube habe er gehört, dass Frau Yilmaz von ihrem Mann keine Unterstützung bekomme. Früher sei Herr Yilmaz spielsüchtig gewesen, und er trinke. Er habe ihn kürzlich gesehen und mit ihm gesprochen. In der Milli-Görüs-Moschee, fünfzig Meter von Frau Yilmaz Wohnung entfernt. „Ich habe gerochen, dass er getrunken hatte. Frau Marrelie, das geht nicht gut."

„Aber warum leben sie so isoliert?", frage ich ihn. „Die Mutter ist schon fünfzehn Jahre hier und spricht kein Wort Niederländisch. Daran könnte sie doch auch selbst etwas ändern?"

„Unsinn", sagt Kaplan resolut. Sein Niederländisch sei auch nicht gerade gut, sagt er zur Verteidigung von Frau Yilmaz. „Obwohl ich Sprachunterricht hatte und schon fünfundzwanzig Jahre hier bin."

„Aber es würde doch helfen, auch bei der Erziehung ihrer Kinder, wenn sie ein bisschen Niederländisch sprechen würde", beharre ich.

Davon will Herr Kaplan nichts hören. „Frau Marrelie, sie hat es wirklich schwer."

Der Direktor von Saafas Schule versteht nicht, worüber Herr Kaplan und ich uns aufregen. An einem warmen Vormittag Ende September ist er bereit, uns Rede und Antwort zu stehen. Jedoch nicht lange, und auch eher widerwillig. Yucel Kaplan hat sich aus diesem Anlass in Schale geworfen.

Familien wie die Yilmaz seien in seiner Schule keine Ausnahme, erzählt der Direktor. Eltern, die nicht Niederländisch sprächen, Kinder, die sich um den Haushalt und die kleineren Geschwister kümmern müssten.

Er mache sich erst Sorgen, sagt er, wenn Kinder zu Hause misshandelt würden oder täglich mit leerem Magen zur Schule kämen. Und das sei bei der Familie Yilmaz nicht der Fall. Die Mutter, sagt er, habe alles gut im Griff. Mehr könne man von ihr nicht erwarten. Die zwei ältesten Mädchen sind auch in seine Schule gegangen. Er ist neugierig, in welche Richtung sie sich entwickeln werden. Werden sie genau so traditionell wie ihre Mutter? Oder reißen sie sich los und passen sich in einem viel zu schnellen Tempo an den Westen an?

Ein Jahr später wurde Aziza mit einem türkischen Mann vermählt. Ihre schönen Locken verbirgt sie seitdem unter einem Kopftuch.

Hoffnung

„Aus wie viel Einzelwörtern setzt sich das Wort Tiefkühlhuhn zusammen?" Henk Jongkind schaut fragend in die Klasse. Die Schüler der 2K sind unruhig und laut. Der Vormittag neigt sich dem Ende zu, und niemand hat Lust auf den Niederländischunterricht. Jongkind erhebt die Stimme: „Es steht auf Seite zwölf!" Hinten rechts blickt ihn ein Junge fragend an. „Bekir, guck ins Buch, nicht zu mir!"

Sofort schaut Bekir brav in sein Buch.

Die Schule, meint Jongkind, kann nur zum Teil das kompensieren, was die Kinder von zu Hause nicht mitbekommen. „Man muss dazu bereit sein, sich um sie zu kümmern, mit ihnen gemeinsam etwas aufzubauen, um Schlimmeres zu verhindern. Wir versuchen, den Kindern Selbstwertgefühl mitzugeben. Wir wollen ihnen Halt geben. Mir ist ständig bewusst, dass die Harmonie in der Schule und in der Klasse sehr zerbrechlich ist. Ich habe oft das Gefühl, dass das, was ich sage, bei den Kindern nicht ankommt, dass es wie Wasser über Felsen rauscht."

Natürlich wäre es besser, sagen alle Lehrer vom *Calvijn*, wenn sie mehr niederländische Kinder hätten. Dann würden „weiß" und „schwarz" ungezwungener miteinander umgehen. Jetzt können die Lehrer nur dafür sorgen, dass die Schüler ihren Abschluss machen, so dass sie eventuell eine Chance auf dem Arbeitsmarkt haben. Jongkind trifft hin und wieder einen ehemaligen Schüler, der einen guten Job hat. Doch bei sehr vielen treten ständig Probleme auf.

Jongkind bekommt fast jeden Tag eine Beschwerde von Kollegen über das Benehmen eines seiner Schützlinge aus der 2 K. Der eine war frech, der andere kam zu spät, wieder ein anderer hatte seine Bücher nicht dabei. Die Frage ist, wie er damit umgeht.

„Mein Sohn hat nun mal keine Lust, zu lernen", so verharmlost der Vater von Mehmet Demircan das Schuleschwänzen seines Sohnes. Und wenn Herr Essalhi, der Vater von Najid, zu hören bekommt, sein Sohn komme zu spät, erklärt er, dass er nicht daran schuld sei. Er habe seinen Sohn immer rechtzeitig losgeschickt.

Eltern haben nur noch wenig Autorität, wenn ihre Kinder vierzehn oder fünfzehn Jahre alt sind, ist Jongkinds Erfahrung. Diese Erkenntnis schockiert ihn nicht, so ist es nun einmal. „Ich glaube nicht, dass unsere Schüler so zurückgezogen leben werden wie ihre Eltern, die sich nur in ihrem eigenen kleinen Kreis bewegen und keine Kontakte nach außen haben. Da hat sich doch in den letzten Jahren schon vieles verändert."

Nach einem kurzen Schweigen: „Natürlich muss ich optimistisch sein. Sonst halte ich es nicht durch."

Die elterliche Autorität

AUF DER STRASSE benehmen sich die Jungen rüpelhaft und zu Hause sind sie lammfromm. Das ist ein bekanntes Muster in türkischen und marokkanischen Familien. Darum können die Eltern es oft nicht glauben, wenn die Schule anruft, weil ihr Kind etwas ausgefressen hat. „Unmöglich", sagen sie in so einem Fall. „So etwas macht mein Sohn nicht."

Kindererziehung scheint für die meisten Eltern der Klasse 2K eher daraus zu bestehen, Unheil abzuwenden; sie erfahren es nicht als etwas Schönes und Angenehmes, das man auch genießen kann. Sie haben zu wenig Vertrauen zu sich selbst, zu ihren Kindern und zur Welt. Eigene Probleme, körperliche Beschwerden, Schwierigkeiten am Arbeitsplatz oder aufgrund von Arbeitslosigkeit nehmen sie völlig in Anspruch.

Heranwachsen muss von allein gehen. Lebe nach Gottes oder Allahs Regeln, und dir kann nichts geschehen!

„Ich versuche, ein Auge auf seine Freunde zu werfen", sagt der Vater von Mohammed Mouali, als ich ihn zuhause besuche. Mohammed, eines der Terrorkids in der 2K, ist das jüngste von sechs Kindern. Der Älteste ist fünfundzwanzig, und alle wohnen noch bei den Eltern. Herr Mouali ist ein gutaussehender Mann mit ebenmäßigen Gesichtszügen und schönen Augen. Er arbeitet schon seit dreißig Jahren als Reinigungskraft. Für den ersten seiner zwei Jobs geht er frühmorgens aus dem Haus. Die schwere Arbeit fordert ihren Tribut. Er hält trotzdem durch, er hat keine andere Wahl. Kinder sind teuer. Doch als er vom Sofa aufsteht, ist sein Gesicht schmerzverzerrt, und er hält sich den Rücken.

Seine Frau, sie hat ein hübsches, offenes Gesicht, backt in der Küche köstlich duftendes Brot. Sie spricht kein Niederländisch. Demnächst will sie wieder zum Sprachunterricht gehen, ins Nachbarschaftshaus ganz in der Nähe. Das macht sie schon seit zwei Jahren. „Schwierig", sagt sie. „Es ist nur eine Stunde in der Woche."

Mohammed ist zuhause, lässt sich aber nicht sehen. Auf Drängen seiner Eltern kommt er kurz ins Zimmer. Sein Blick ist misstrauisch. Die Sommerferien sind gerade vorbei. Diesmal war die Familie Mouali nicht in ihrem Haus in Marokko. Kein Geld. Der Euro.

Ich frage Mohammed, ob er in den Ferien gejobbt habe. „Nein", sagt er in einem Ton, als sei die Frage unanständig. Wenn er etwas älter sei, vielleicht. Jetzt würde er viel zu wenig verdienen.

Seine Schwester Malika übersetzt das Wenige, das ihr Vater sagt. „Sonst kommt er vom Hölzchen aufs Stöckchen", sagt sie. Sie kann seinen Argwohn nicht verstehen. „Kinder sind schwieriger als früher", sagt der Vater. „Sie machen verrückte Dinge, von denen sie uns nichts erzählen. Und sie stellen auch höhere Ansprüche. Manchmal wollen sie Schuhe für 250 Euro." „Und die kriegen sie auch", ruft seine Tochter lachend. „Jungs werden viel zu sehr verwöhnt."

Malika ist die Stütze der Eltern. „Sie weiß alles", sagt der Vater. Sie erledigt die Telefonate für den Sprachunterricht ihrer Mutter, sie geht mit zu den Elternabenden ihres Bruders. Auf einem der Elternabende erfuhr Mohammeds

Vater, dass sich sein Sohn in der Schule manchmal unverschämt benahm. Er würde den Unterricht stören, frech zu den Lehrern sein, sich vor allem bei weiblichen Lehrkräften unmöglich benehmen. „Das war sehr schlimm für mich", sagt sein Vater beschämt. „Das ist keine Kleinigkeit. Das ist eine böse Sache."

Der Vater streckt den Rücken und sagt: „Aber jetzt sind wir informiert, und es kommt nicht mehr vor."

Als ich gehe, steht Mohammed mit argwöhnischem Blick oben an der Treppe. Er sieht auf einmal viel älter aus als vierzehn. Seine achtzehnjährige Schwester durchbricht die unangenehme Stimmung: „Mohammed ist in einer Rabaukenklasse", sagt sie. Sie fasst ihn an der Schulter und schüttelt ihn frotzelnd durch. „Ihr macht nur Mist, ja, und du machst auch mit!"

Mohammed grinst gequält.

„Kinder großziehen ist schwierig, sehr schwierig. Wirklich schwierig", sagt der Vater von Hassan Benayad. Er sitzt in einer hellen Djellaba auf der Couch und löffelt die marokkanische Suppe, die uns seine Frau serviert hat. Frau Benayad isst nicht mit, mischt sich auch nicht in das Gespräch ein. Im langen Gewand und mit Kopftuch sitzt sie schüchtern auf einem Stuhl an der Wand, die Hände im Schoß gefaltet. Über ihr Kinn läuft eine spiralförmige Tätowierung. Sie hat ein freundliches Gesicht, vor allem, wenn sie lächelt.

„Hassan macht Probleme", sagt ihr Mann. „Musste zur Polizei. Sohn abholen!"

Schweigen.

„Was soll ich machen?" Er streckt die Hände gen Himmel: „Was soll ich machen?"

Hassan sitzt mit gesenktem Kopf auf der Couch.

Der Vater legt die Beine auf die Couch, rülpst laut.

„Ich war mit Kumpels aus dem Viertel unterwegs", sagt der fünfzehnjährige Hassan leise. „Wir haben Abstellräume aufgebrochen. Ich mach's nie wieder."

Der Vater lacht. Hassan guckt beschämt.

„Hassan nicht gut", ruft sein Vater. „Was soll ich machen?"

Bei meinem ersten Besuch bei der Familie Benayad war Hassans Vater nicht da. Er arbeitet in einem Restaurant, erklärt mir Hassan. Die Mutter serviert Pfefferminztee, heiß und süß. Sie spricht nur berberisch. Wir sitzen einander gegenüber, nicken und lächeln uns freundlich an. Hassan hat seine Jacke anbehalten. Tief in den Kragen geduckt, als sei es ihm peinlich, übersetzt er die wenigen Worte seiner Mutter.

Über seine Schule sagt er nur: „Nette Lehrer, nette Klassenzimmer."

Bei meinem zweiten Besuch ist sein Vater da. Herr Benayad ist schwerhörig, wir müssen also ziemlich laut sprechen. Er erzählt stolz, dass er Koch in einem Restaurant war. Sein letzter Arbeitstag liegt mehr als zwanzig Jahre zurück, doch er spricht darüber, als sei es gestern gewesen.

Die Familie Benayad wohnt schon lange in diesem Haus in einer der trostlosesten Straßen in Amsterdam-West. An jedem Balkon hängen eine oder mehrere Satellitenschüsseln, Abfall liegt auf der Straße, und alles ist so düster, als würde hier nie die Sonne scheinen. Die Benayads sind zufrieden. Sie können die Miete aufbringen. Und das ist, da sie von Sozialhilfe leben, das Wichtigste.

Ihr Haus in Marokko in der nördlichen Provinz Nador ist viel größer. Sie wohnen eine halbe Stunde vom Meer entfernt, bis vor einem Jahr konnte man die Küste nur auf dem Esel erreichen, doch jetzt gibt es eine Straße. Herr Benayad würde gern dort wohnen, aber seine Frau schüttelt den Kopf. „Zu warm", sagt sie. „Hier gut, hier kalt."

Eine Übersicht der Gebetszeiten steht mitten auf der Wohnzimmerkommode, die Gebetsteppiche sind gestapelt, mit einem Handtuch kann man sich nach dem Gebet die Hände abtrocknen. Auf der Kommode steht auch eine Vase mit Plastikblumen.

Benayad zeigt mir Papiere vom Sozialamt, die Zulage für Langzeitarbeitslose wurde ihm verwehrt. Er fragt mich, warum. Als ich ihm keine Antwort geben kann, nickt er resigniert: „Ist gut, ist gut." Morgen werde er selbst zum Sozialamt gehen. Er will wissen, warum er das zusätzliche Geld nicht bekommt. Es gibt dort einen Dolmetscher. Der wird seine Fragen übersetzen.

Um zwei seiner Kinder braucht er sich keine Sorgen mehr zu machen, sie haben ihren Ehepartner in Marokko gefunden. Inzwischen haben beide eine Familie. Zum Glück wohnen sie in der Nähe. Sein ältester Sohn schaut kurz bei den Eltern herein, er ist in Marokko geboren und spricht gebrochen Niederländisch. Dessen kleine Tochter, deren Hände mit Henna gefärbt sind, ist für ein paar Tage bei den Großeltern zu Besuch. Spielzeug ist nicht zu sehen, und so denkt sich das Kind ein Spiel aus. Es springt auf die Couch und wieder herunter, und das die ganze Zeit.

Als ich Herrn Benayad frage, ob er etwas dagegen hätte, wenn Hassan mit einer Niederländerin nach Hause käme, schaut er mich ganz erstaunt an. Natürlich wäre er damit nicht einverstanden! Völlig undenkbar, dass eines seiner Kinder einen Nichtmuslim heiratet. „Ist nicht gut. Nein. Wirklich nicht."

Frau Benayad überlegt, wie sie die Blumen unterbringt, die ich ihr mitgebracht habe. Es gibt keine zweite Blumenvase. Sie bringt einen Messbecher. Der fällt um, als sie die Blumen hineinstellt.

Hassan ist freundlicher als bei meinem ersten Besuch. Wenn er lacht, sieht er hübsch aus. Er hat schöne braune Augen mit langen Wimpern.

Hassan wäre froh, wenn seine Mutter besser Niederländisch spräche, sagt er zögernd. So eine Antwort kommt offenbar einem Verrat gleich. „Schade, dass sie dadurch so abhängig von ihren Kindern ist", sagt er. „Aber wenn's sein muss, begleite ich sie zum Arzt."

Tochter Hassana ist eine große Stütze für die Eltern. Die Familie setzt große Erwartungen in sie. Sie besucht eine berufsbildende Schule, wenn sie die schafft, kann sie anschließend auf die Realschule. Hassana möchte Anwältin werden.

Als ich eines Sonntagnachmittags im September bei der Familie Benayad klingle, hat Hassana unsere Verabredung offenbar vergessen. Ihre Mutter erklärt mir, sie sei bei ihrer verheirateten Schwester. Die habe einen Computer, an dem Hassana arbeiten könne. Frau Benayad ruft ihre Tochter an, und eine Viertelstunde später ist sie da. Ein zierliches, schüchternes Mädchen mit halblangen, dunklen Haaren. Sie trägt kein Kopftuch. Noch nicht. Hassana wartet auf den richtigen Zeitpunkt.

Wir sitzen auf der Couch. Hassana zupft an ihren Fingern. Sie hat viel zu tun, erzählt sie. Freizeit kennt sie eigentlich nicht. Sie hilft ihrer Mutter, und die Schule ist ihr sehr wichtig. „Ich will weiter lernen", sagt sie leise. Ihre Schularbeiten macht sie immer bei einer Freundin, die in der Nachbarschaft wohnt. Sie sind nicht in derselben Schule, ihre Freundin ist eine Klassenstufe tiefer. Doch das ist unwichtig: „Zusammen lernen macht mehr Spaß."

In ihrer Straße wohnen nur Ausländer. Fehlen ihr die Einheimischen nicht, der Kontakt zu den Niederländern? Hassana reagiert wie von einer Wespe gestochen. „Nein", sagt sie. „Überhaupt nicht. Das hier ist doch Amsterdam!"

Ohne Holländer aufzuwachsen, sei für sie ganz normal, sie wohnen nicht in ihrem Viertel, nur wenige sind in ihrer Schule. Und alle Schüler ihrer Klasse haben einen ausländischen Hintergrund.

Hassana jobbt neben der Schule bei *Scapino*, einem Laden mit reichhaltigem Angebot an Billigklamotten. Mindestens einen Nachmittag und einen Abend in der Woche. „Das muss ich machen, sonst kann ich meine Schulbücher nicht bezahlen."

Hassana übersetzt fast alles, was sie mir erzählt, wieder ins Berberische, damit ihre Eltern unserem Gespräch folgen können. Als ich ihr sage, dass sie ein vernünftiges Mädchen ist, wird sie nachdenklich. Sie weiß nicht, was „vernünftig" auf Berberisch heißt. Eigentlich spreche sie ihre Muttersprache nicht so gut. Aber wie verständigt sie sich dann mit ihren Eltern? „Das geht schon", sagt sie. „Keine Sorge, wir kommen schon klar", reagiert sie leicht abwehrend.

Eigene Welt

FRAU BENAYAD, HASSANS MUTTER, besucht schon seit Jahren Sprachkurse. Sie zeigt mir ihr Heft mit dem Alphabet. Sie hat eine schöne Schrift. Mit den Fingern fährt sie die Buchstaben entlang. Sie seufzt und sagt etwas auf Berberisch. „Meine Mutter findet es so schade, dass sie es sich so schlecht merken kann", übersetzt Hassana, ihre vielversprechende Tochter.

Hassana sagt leise, dass sie amerikanische Filme und romantische Bücher liebe und manchmal bis tief in die Nacht hinein lese.

Will sie später einen Marokkaner heiraten?

Sie zögert, schüttelt den Kopf. „Nein", sagt sie leise, damit ihre Eltern die Antwort nicht hören können. „Lieber einen Marokkaner, der hier lebt."

Eines Morgens, es ist Ende September, hole ich Frau Benayad zum Sprachkurs ab. Die Straße wirkt wie ausgestorben, die Müllcontainer quellen über. Ich klingle, keine Reaktion. Nach einigen Minuten beugt sich Hassan verschlafen aus dem Fenster und sagt, dass seine Mutter gleich komme. Er hat die erste Stunde frei.

Frau Benayad macht lange Schritte, ich muss mich anstrengen, um nicht zurückzubleiben. Sie ist groß, trägt ein weißes Kopftuch und eine dunkle Djellaba. Darunter dicke Strümpfe und feste Schuhe. Sie sehen neu aus. Wir versuchen, ein paar Worte über die schönen Farben des

Herbstlaubes zu wechseln, doch unsere Kommunikation verläuft hauptsächlich über Gebärdensprache.

In einem Raum im ersten Stock des Nachbarschaftshauses haben sich dreizehn traditionell gekleidete marokkanische Frauen versammelt. Sie werden von einer geduldigen und engagierten Lehrerin mit Kopftuch unterrichtet. Im Zimmer nebenan sitzen junge Marokkanerinnen, die erst seit kurzem in den Niederlanden sind.

Hassans Mutter beugt sich tief über ihr Heft. Das Schreiben macht ihr Mühe. Sie schreibt das „e" von unten nach oben. Als sie das Wort „Kinn" geschrieben hat, fällt es ihr schwer, es laut vorzulesen. Sie drückt den Zeigefinger genau unter die einzelnen Buchstaben. Sie strengt sich an und schafft es.

Der Text für heute steht an der Tafel.

Kees hat einen Bart
Man kann sein Kinn nicht sehen
Jan hat keinen Bart
Er schneidet sich ins Kinn
Er blutet am Kinn

Die Frauen sollen die Sätze der Reihe nach vorlesen und abschreiben. Die meisten Frauen haben noch nie eine Schule besucht. Ihnen fällt diese Aufgabe besonders schwer.

Hohe Erwartungen

DIE ELTERN VON JIHAD EL AMRANI sind wütend. „Unsere Kinder sind hier geboren und aufgewachsen, und trotzdem werden sie diskriminiert", sagt Herr El Amrani. Die Familie wohnt in Bos en Lommer. „Das hier ist ein unsicheres Viertel. Es gibt Jugendbanden. Sie haben alle ein Messer. Auf der Straße lernt man nur schlechte Dinge. Die Jungs hier bekommen keine Chance." „Warum stehlen die Jungs?", frage ich. „Weil viele Leute hier im Viertel Probleme haben. Wenn sie beim Klauen erwischt werden, kommen sie ein paar Monate in den Knast, dann lässt man sie wieder laufen. Niemand macht sich Gedanken, wie es mit ihnen weitergehen soll."

Herr El Amrani muss seinen Zorn rauslassen. „Die hohen Herren tun zu wenig. Alle lassen uns im Stich."

Ihr ältester Sohn sei mal verhaftet worden, erzählt Herr El Amrani. Er sei an einem Laden vorbeigegangen, in den gerade eingebrochen wurde. „Was konnte er dafür?", fragt der Vater empört. „Er wusste es doch nicht." Trotzdem sei er zu vierzig Stunden gemeinnütziger Arbeit verdonnert worden, weil er die Polizei hätte warnen müssen.

Als sich sein Sohn später bei der Post bewarb, wurde er wegen dieser banalen Vorstrafe abgelehnt.

Wir sitzen im kleinen Wohnzimmer, Wäsche hängt am Trockengestell, im Fernsehen läuft ein marokkanisches Programm. Herr El Amrani poliert Gegenstände aus Kupfer.

Der mittlere Sohn sei so klug und vielversprechend. Aber die Schule habe alles kaputt gemacht. Man habe ihn nicht gut begleitet. Schlimmer noch, man habe ihm von allen Seiten Steine in den Weg gelegt. Als ob sie es nicht hätten ertragen können, dass ein Marokkaner erfolgreich ist. Er ging in die Hauptschule und bekam von seinen Lehrern keine Empfehlung für die Realschule, weil er angeblich zu alt dafür sei.

Und was wird die Hoffnung der Familie nun? Herrn El Amranis Augen sprühen Feuer.

„Konditor. Dabei will er überhaupt nicht Konditor werden", sagt der Vater entrüstet.

„Aber was soll ich machen? Schauen Sie, in den sogenannten „weißen" Schulen haben sie ein besseres System. Dort wird viel mehr für die Schüler getan. Wir haben nicht die gleichen Rechte wie die Niederländer, so sieht die Sache aus. Wir sind weniger wert."

Von der Schule seines mittleren Sohns habe er kürzlich einen Brief mit der Mitteilung bekommen, dass sein Sohn in letzter Zeit die Schule schwänze. „Das stimmt überhaupt nicht!", sagt der Vater. Er zeigt mir den Brief. Der Text ist alarmierend. „Wegen wiederholter Abwesenheit wird das Lehrverhältnis beendet", steht da fettgedruckt.

Herr El Amrani tippt wütend auf den Brief. „Genau das meine ich! So ein Brief, nur weil er vielleicht einmal zu spät zum Praktikum gekommen ist! Warum sprechen sie nicht erst mal mit den Eltern?"

Seine Frau sitzt auf der braunen Kunstledercouch neben ihm. Ab und zu nickt sie zustimmend. Herr und Frau El Amrani sind miteinander verwandt, jedoch nicht im selben Dorf aufgewachsen. Er kommt aus dem Nordosten

Marokkos, sie aus der Nähe von Casablanca. Frau El Amrani, sie ist achtunddreißig, hat seit kurzem einen Job bei einem ambulanten Pflegedienst. Zwar nur ein paar Stunden in der Woche, aber es ist doch gut, mal etwas anderes zu tun.

Herr El Amrani arbeitet schon neunundzwanzig Jahre bei der Bahn, seit einem Jahr als Schaffner. „Ich bin mit der Bahn groß geworden", sagt er. Über die Gewerkschaft hat er im Laufe der Jahre mehrere Niederländischkurse besucht.

Herr El Amrani ist schon längere Zeit krank. Das Knie. Er meint, dass es vom Rütteln im Zug kommt.

Jetzt machen sie sich Sorgen um ihre Tochter Jihad. Das *Calvijn* ist nicht die richtige Schule für das Mädchen. Sie lernt und lernt, sagen die Eltern. Im *Calvijn* scheint man nicht zu sehen, dass sie eine sehr begabte Schülerin ist.

Herr und Frau El Amrani wollen mit dem *Islamitisch College*, einer muslimischen Oberschule, sprechen. Dort wird ihre Tochter bestimmt besser gefördert. Und vielleicht wird sie dann doch noch Ärztin. Herr und Frau El Amrani sind fromme Muslime. Ihre Tochter ist noch religiöser als die Eltern. „Schon als Kind wollte sie nur mit Kopftuch auf die Straße", sagen die Eltern stolz.

Sie: „Lernen macht ihr Spaß."

Er: „Wenn sie nach Hause kommt, macht sie sich gleich an ihre Schularbeiten."

Sie: „In den Fremdsprachen hatte sie immer eine zwei oder eine eins."

Er: „Die Schule hat gesagt, dass sie auf die Realschule gehen kann."

Sie: „Es gab sogar eine Lehrerkonferenz darüber."

Er: „Sie halten ihr Versprechen nicht."

Sie: „Meine Tochter ist wütend."

Er: „Sie will Ärztin werden."

Sie: „Es ist ihre Wahl, sie weiß, was sie will."

Er: „Sie redet immer von einem Medizinstudium."

Sie: „Das einzige, was wir tun können, ist, sie zu unterstützen."

Er: „Dafür sorgen, dass es ihr an nichts fehlt."

Der Schulschwänzer

JASON WINTER ist gegen Ende des Jahres 2003 immer noch nicht in der Schule aufgetaucht. Er fehlt nun schon monatelang. Niemand weiß, warum. Die Eltern reagieren nicht auf die Nachrichten, die Herr Jongkind auf ihrem Anrufbeantworter hinterlässt. Auch der Schulpflichtkontrolleur kann keinen Kontakt zu ihnen herstellen. Jason ist wie vom Erdboden verschluckt.

Niemand kommt auf die Idee, ihn einmal zuhause zu besuchen.

Er wohnt unweit der Schule, im ersten Stock eines Fünfziger-Jahre-Mietshauses. Vor dem Haus ist eine kleine Rasenfläche, auf der rechts einige Spielgeräte stehen. Türkische und marokkanische Mütter sitzen dort in der Sonne.

Jasons Eltern sind geschieden. Frau Tjon, Jasons Mutter, ist mit den Kindern in der Maisonettewohnung in Slotervaart geblieben. Herr Winter lebt seit einigen Jahren in Deutschland und sieht seine Kinder nur, wenn er zufällig in Amsterdam ist.

Frau Tjon, eine zarte Frau aus Suriname mit chinesischen Wurzeln, lässt mich ein. Jason zieht sich sofort die Jacke an und ruft: „Ich muss jetzt echt los."

Seine Mutter: „Wohin, Jason? Wo musst du denn hin?"

Jason: „Ich muss halt los. In den Laden."

Er wirkt angespannt. Jason ist klein für sein Alter, seine Stachelfrisur hat er mit viel Gel in Form gebracht. Auf der Couch im Wohnzimmer sitzt seine ältere

Schwester Cindy, sie hat ihre fünf Monate alte Tochter Amarilla auf dem Schoß. Neben dem Esstisch hängt Wäsche auf dem Trockengestell.

„Ich war sehr erschrocken", sagt Frau Tjon ruhig. „Gestern hörte ich von seinem Mentor, dass Jason oft schwänzt. Ich wusste nichts davon. Ich muss morgens schon früh aus dem Haus. Zur Arbeit."

Schweigen.

„Du lungerst am Bahnhof herum!", ruft die Mutter plötzlich.

Jason schüttelt den Kopf. „Was soll ich denn da? Ich lauf einfach auf der Straße rum. Hier bei uns."

„Den ganzen Tag?"

„Ja", sagt Jason matt. „Was soll ich denn sonst machen?"

Er wird langsam zugänglicher und setzt sich auf die Couch. Die Schule gefällt ihm nicht, sagt er. Da ist es immer laut, die Schüler sind aggressiv und er wird dauernd gehänselt. Die marokkanischen Jungen sind die schlimmsten, sie beschimpfen ihn ständig auf Arabisch. Er weiß nicht, wie er reagieren soll.

„Ich sag jeden Tag zu ihm: Geh in die Schule", mischt sich Cindy ins Gespräch. „Er hat echt schreckliche Angst. Aber das ist doch in allen Schulen so. Kinder sind nun mal eklig zueinander. Da muss man einfach knallhart sein."

Sie sitzen schweigend beisammen, Jason, Cindy und ihre Mutter. Jason scheint erleichtert zu sein, dass er losgeworden ist, was ihn bedrückt. „Er erzählt mir nie etwas", sagt seine Mutter. Sie hebt die Hände gen Himmel: „Wie soll ich denn wissen, was er anstellt?"

Kurz danach steht Jason auf, er geht mit Cindy und Amarilla zum *Free Record Shop*. Draußen ist es kalt und nass. Jason schiebt den Buggy mit seiner Nichte. Er geht gebeugt und macht ein sorgenvolles Gesicht.

Ein paar Tage später erscheint Jason wieder in der Schule. Er wird in die „Strukturklasse" geschickt, speziell eingerichtet für Kinder, die in ihrer Klasse Probleme verursachen. Auch notorische Schulschwänzer wie Jason landen dort. In dieser Klasse unterrichtet nur ein einziger Lehrer. Die Anwesenheit wird streng kontrolliert, die Schüler dürfen das Klassenzimmer nicht einmal in der Pause verlassen.

Nach einer Woche kann Jason wieder zurück in die 2K. Am selben Tag werden Najid, Hassan, Ali und Mohammed für eine Woche in die „Strukturklasse" geschickt, um wieder runterzukommen. Die Jungs haben sich schlecht benommen.

„Hey Alter, was willst du denn hier?", brüllten sie einem Lehrer entgegen, der ihnen nicht gefiel. Als er ihnen eine Rüge erteilte, ging's erst richtig los. „Du hast uns nix zu sagen, du Penner", schrien sie. „Wir bestimmen selber, ob wir den Mund halten!"

Daraufhin rief Henk Jongkind die Eltern der Jungen an. Er sagte ihnen, dass ihr Sohn einen Lehrer beleidigt habe. Und dass er zur Strafe in die „Strukturklasse" geschickt werde. „Natürlich, Herr Jongkind", war deren einzige Reaktion. „Frech sein geht nicht."

Jason empfindet es als angenehm, dass die Rabauken erst mal weg sind. Er scheint sich in seine alte Klasse wieder einzufügen. Noch immer ist er recht schweigsam, aber er nimmt wenigstens am Unterricht teil. Jeden Morgen sitzt er pünktlich an seinem Platz.

Nach ein paar Wochen schwänzt er wieder. Einen Tag,

eine Woche, drei Wochen. Jason ist wieder nicht aufzufinden. Der Mentor versucht, die Mutter zu erreichen. Der Schulpflichtkontrolleur schreibt seine obligatorische Ermahnung. Es nützt nicht viel. Jason lässt sich in den letzten Monaten vor den Sommerferien nicht mehr in der Schule blicken.

Mitte September 2004. Als ich gegen zwölf Uhr klingle, scheint Jason gerade aufgestanden zu sein. Er wirkt noch schläfrig und sieht so aus, als habe er sich soeben rasch was angezogen. Das Wohnzimmer ist tadellos aufgeräumt, in einer Ecke hängen bunte Luftballons. Amarilla, seine Nichte, ist vor ein paar Tagen ein Jahr alt geworden.

Jason sitzt auf der Couch und klickt den Fernseher an. Aus Gewohnheit, scheint es.

Muss er nicht in die Schule?

„Ja", sagt er. „Demnächst geh ich wieder."

Was das heißt, demnächst?

„Wenn der Brief kommt. Es soll ein Brief von einer neuen Schule kommen. Da geh ich dann hin."

Und was ist im *Calvijn* schief gegangen?

„Wie immer", sagt er. „Ich hatte keine Lust mehr."

Schweigen.

Im Fernsehen höllischer Lärm. Jason zappt wie besessen durch die Programme.

Nachdem er das Gerät ausgeschaltet hat, sackt er zusammen, als würde ihm alle Energie schwinden.

Will er überhaupt in die Schule?

Er schaut vor sich hin und nickt.

Hatte er schöne Ferien?

„Ja", sagt er monoton. „Sehr schöne." Er sei zuhause geblieben und mit seinem Cousin herumgezogen.

Schweigen.

Seine Probleme seien fast gelöst, versichert er. Hoffentlich komme der Brief von der neuen Schule bald. Neulich habe er Pech gehabt, erzählt er. Bescheuert. Er wurde auf dem Moped seines Freundes angehalten. Woher sollte er auch wissen, dass das Ding gestohlen war? Die Polizei glaubte ihm, dass er nichts damit zu tun hatte, aber er musste doch mit aufs Revier. Sein Vater holte ihn da ab.

Jason guckt vor sich hin, sein Blick geht ins Leere.

Im Oktober hat sich an seiner Situation noch nichts geändert.

Ein paar Wochen später berichten die sozialen Instanzen einander, dass es mit Jason Probleme gibt. Nachbarn beschweren sich über den Krach, den er mit seinen Freunden macht. Es wird vermutet, dass Jason Alkohol und Drogen konsumiert.

Man versucht alles, aber nichts gelingt.

Einige Monate später. Es ist acht Uhr abends. Die Straße, in der Jason wohnt, ist wie ausgestorben.

Randalierer haben versucht, die Gegensprechanlage an der Hauswand anzuzünden. Frau Tjon, Jasons Mutter, vermutet, dass es sich bei den Tätern um Freunde ihres Sohnes handelt.

„Wie konnte ich wissen, dass Jason immer die Schule geschwänzt hat", fragt sie, als ob sie immer noch nicht glauben kann, dass er nun schon fast ein Jahr zuhause hockt. Meist saß er am Tisch, wenn sie von der Arbeit kam. Seine Schulbücher lagen aufgeschlagen vor ihm. Er tat so, als mache er seine Hausaufgaben.

„Zwei Wochen nach den Sommerferien, als die Schule längst wieder begonnen hatte, habe ich ihn gefragt, warum er immer noch nicht zur Schule geht. Er hat behauptet, dass seine Schule erst viel später anfängt. Nach einer Weile wurde mir klar, dass da was nicht stimmt. Ich wollte, dass er mir die Wahrheit sagt. Und dann hat er zugegeben, dass er nicht mehr auf dieser Schule ist."

Frau Tjon fühlt sich hilflos. „Der Junge bringt mich in Schwierigkeiten. Das sag ich ihm auch. Ich sag ihm: ‚Jason, wenn du so weitermachst, soll sich das Jugendamt um dich kümmern, die stecken dich dann in ein Heim.' Aber er reagiert überhaupt nicht darauf."

„Mein Sohn ist mir ein Rätsel", sagt sie. Sie weiß nicht, was mit ihm los ist. Er redet nicht viel.

„Ich sag ihm: Du musst offen zu mir sein! Ich bin deine Mutter, mir kannst du doch alles erzählen. Auch wenn ich dann wütend bin, du weißt doch, das hält nicht lange an."

Aber Jason will nicht reden. Im Gegenteil, er zieht sich immer mehr zurück.

Frau Tjon seufzt. Sie fühlt sich schuldig. „Obwohl ich mein Bestes getan habe. Jetzt sag ich jeden Tag: Jason, mach mir keine Schwierigkeiten. Ich habe Angst, dass er wieder mit diesen falschen Freunden Umgang hat. Er findet es furchtbar, zuhause zu hocken, ich seh es ihm an."

Kurz nach neun kommt Jason nach Hause. Er setzt sich auf die Couch, hält den Kopf gesenkt. Er sagt nichts.

Will er wieder in die Schule gehen?

Er nickt.

In was für eine Schule?

„Ich will was mit Technik", sagt er fast flüsternd. „Was mit den Händen."

Ein reines Leben

„SCHLUSS JETZT! WIDERSPRICH MIR NICHT DAUERND!"
Auf dem Korridor kann man jedes Wort von Henk Jongkind mithören. „Wir sind hier nicht in Marokko. Wir sind
in Holland, und hier bin ich der Chef! Kapiert?"

Einige Schüler mucken auf.

„Nein, du brauchst nicht das letzte Wort zu haben. Ist
das klar?"

Kurz darauf kommen die Schüler mit roten Köpfen
aus dem Klassenzimmer.

„Ach", sagt Jongkind entspannt. „Diese Kinder brauchen Klarheit. Wir müssen Grenzen setzen, feste Struktu-
ren bieten und sofort streng sein, wenn sie sich unverschämt benehmen."

Zuhause werde den Schülern alles verboten. Aber vie-
le Eltern scherten sich dann nicht mehr darum, weiß
Jongkind. „Sie benutzen ‚das darfst du nicht' als eine Art
Beschwörungsformel. Sie diskutieren auch nicht mit ihren
Kindern, weil sie Angst haben, unterlegen zu sein."

In der 2K wurde der türkische Junge Bekir Erdogan von
seinen marokkanischen Klassenkameraden wochenlang gehänselt und schikaniert. Bekir ist klein, und sie sind groß.
Bekir war allein, und sie bildeten eine Gruppe. Eines
Tages wurde es Bekir zu viel. Er kam mit Messern bewaff-
net und in Begleitung männlicher Verwandter in die Schule: Bereit zum Kampf. Die Lehrer konnten gerade noch
rechtzeitig einschreiten.

Die Wohnung der Familie Erdogan mit ihren hellen Farben und den vielen leichten Stoffen strahlt eine märchenhafte Stimmung aus. Die Eckwohnung liegt in einem Wohnkomplex in Amsterdam-Nord, weit entfernt von der Schule, mit Aussicht auf weite Wiesen. Unweit des Hauses befindet sich ein Reiterhof, wo Kinder aus dem Viertel reiten können. Die Fußballplätze, wo Bekir früher auch gespielt hat, sind in der Ferne noch sichtbar. Als Bekirs Noten schlechter wurden, nahm ihn Herr Erdogan aus dem Verein.

Herr Erdogan verließ vor Jahren seine Eltern, die in Deutschland leben. Er wollte unabhängig sein. „Ich wollte frei sein", sagt er leise. Er wurde Pizzabäcker und lebte abends und nachts. „Ich hab geraucht", erzählt er fast beschämt. „Damals war ich unrein."

Nach der Heirat mit einer Frau aus der Türkei verabschiedete er sich von seinem sündhaften Dasein. Er wurde ein frommer Mann und verbringt, seit er arbeitslos ist, immer mehr Zeit in der Moschee. Dort nahm er auch an einem Niederländischkurs teil. Seit er ein frommer Muslim ist, empfindet er sein Leben als sinnvoller.

„Ich würde gern arbeiten", sagt er. „Aber nicht mehr abends oder am Wochenende. Ich möchte bei meiner Familie sein."

Aber wer will ihn? Einen fünfunddreißigjährigen Mann ohne Schul- und Berufsabschluss, der nicht gut Niederländisch spricht? Trotzdem gebe er den Mut nicht auf, sagt er. Er lese immer Stellenanzeigen.

Als ich die Familie das zweite Mal besuchte, hatte Frau Erdogan gerade das vierte Kind bekommen. Eine hübsche

Frau mit großen Augen, die ständig verlegen gesenkt sind. Sie spricht kein Niederländisch. Während meines Besuches verschwindet sie in die Küche, um Häppchen zuzubereiten. Wenig später steht alles auf dem Tisch, kleine, zu Kringeln geformte Brötchen, mit Spinat gefüllter, luftiger Blätterteig und eine große Schüssel Tiramisu.

Der älteste Sohn Resul, neunzehn, rötliches Haar, hübsches Gesicht, ist auch da. Er hat dieses Jahr zur großen Freude seiner Eltern die Fachschulreife bestanden. Im Sommer durfte er allein in die Türkei. Er wohnte bei Verwandten. Das Haus der Familie in derselben Stadt, einige Straßen weiter, blieb leer. Sein Vater: „Wenn er dort geschlafen hätte, hätte er Unfug treiben können. Das will ich nicht."

Resul möchte später in der Türkei leben. Da ist er sich ganz sicher. Auch wenn er hier aufgewachsen sei, gefühlsmäßig gehöre er dorthin, in das Dorf in der Mitteltürkei, wo er geboren wurde. Als er ein Jahr alt war, nahm ihn seine Mutter mit nach Amsterdam.

Resul dolmetscht heute zwischen seinen Eltern und mir.

Ich erkundige mich, ob seine Mutter Niederländischunterricht hatte.

Herr Erdogan reagiert heftig. Ja, Frau Erdogan hat einen Niederländischkurs besucht. Den haben sie selbst bezahlt. Aber warum sollte sie überhaupt Niederländisch lernen? Sprechen Holländer, die in die Türkei reisen, etwa Türkisch?

Frau Erdogan schweigt und schenkt Tee ein.

Herr Erdogan spielt mit dem Gedanken, mit seiner Familie in einigen Jahren nach Deutschland zu ziehen. Seine

Mutter lebe noch dort und es gebe nichts, was ihn an die Niederlande binden würde.

Vor zwei Jahren hat Herr Erdogan beschlossen, seinen Sohn Bekir in das türkische Internat Ekmel in Amsterdam-West zu schicken. Er wollte, dass sich sein Sohn in aller Ruhe auf das Lernen konzentrieren kann. Bekir hatte es in der Realschule in Amsterdam-Nord vermasselt, er wurde von der Schule verwiesen. Herr Erdogan wollte unbedingt verhindern, dass sein Sohn noch weiter abrutscht.

„Ich konnte ihm nicht helfen", sagt Herr Erdogan etwas hilflos. „Schon gar nicht bei seinen Hausaufgaben."

„Das Ekmel ist eine gute Lösung", sagt er leise. „Bekir kriegt immer bessere Noten."

Das Internat wird von gläubigen Muslimen geleitet. Im Parterre ist ein Gebetsraum, den auch andere Muslime benutzen. Das Ekmel befindet sich direkt gegenüber vom *Islamitisch College*, der einzigen muslimischen Oberschule in Amsterdam. Diese Schule stand für Bekir nicht zur Diskussion, denn Herr Erdogan legte Wert darauf, dass sein Sohn zusammen mit niederländischen Kindern unterrichtet wurde. Deshalb kam Bekir ins *Calvijn College*. Dass in dieser Schule kaum niederländische Kinder sind, wusste Herr Erdogan nicht.

Am Freitagnachmittag wird Bekir meist mit vier anderen türkischen Kindern, die auch in Amsterdam-Nord wohnen, vom Internat abgeholt. Sonntagabends geht er wieder zurück. Ab und zu bleibt Bekir auch am Wochenende dort. „Wenn er im Ekmel ist", erklärt Herr Erdogan, „habe ich die Gewissheit, dass gut auf Bekir aufgepasst wird. Dass er keine dummen Sachen macht."

Natürlich kostet das Internat Geld, doch Herr und Frau Erdogan leben so sparsam wie es irgend geht. „Wir haben keine besonderen Ausgaben, wir rauchen und trinken nicht." Mit Nachdruck sagt Herr Erdogan: „Unser Leben muss ein reines Leben sein. Das ist sehr wichtig für uns Muslime. Ein reines Leben."

Das Internat

DER PLATZ, an dem nun das Ekmel untergebracht ist, war bis vor wenigen Jahren eine römisch-katholische Enklave. Das Internatsgebäude beherbergte früher eine katholische Grundschule. Gegenüber, im Haus des heutigen *Islamitisch College,* befand sich bis vor acht Jahren noch die katholische Pius X.-Oberschule.

Dazwischen steht immer noch die katholische Kirche Pius X. und daneben das Pfarramt.

Auf den Kirchenstufen sitzen muslimische Mädchen plaudernd in der Herbstsonne. Sie tragen lange, zum Teil farbenfrohe Kleider, und alle haben ein Kopftuch auf.

Im Ekmel-Haus befindet sich auch der Sitz der Stiftung Sicaw (Stiftung islamisches Zentrum Amsterdam-West), einer islamischen Organisation, aus der das Internat hervorgegangen ist.

Achtzig türkische Kinder wohnen im Ekmel und machen hier ihre Schularbeiten. Siebzehn sind tagsüber im *Calvijn met Junior College.* Es gibt zwei Eingänge, die schöne Marmortreppe im Vorderhaus für die Männer und eine schmale Treppe für die Frauen im Rückgebäude.

In der Eingangshalle, ausgestattet mit Marmorfußboden und lackierten Holztüren, stehen schwarze Pantoffeln für mich bereit. Der Empfangsraum befindet sich im zweiten Stock. Überall wird gehämmert und gebohrt, denn die Türen müssen ausgetauscht werden, weil sie den Brandschutzvorgaben der Feuerwehr nicht mehr entsprechen.

Wenig später sitze ich mit drei Männern in einem schönen Raum, groß und quadratisch, vierzehn Stühle stehen an der Wand. Wir sitzen sehr weit auseinander und tauschen zunächst einmal Höflichkeitsfloskeln aus.

Als erstes wird mir mitgeteilt, dass der Vorsitzende der „Sicaw" verstimmt gewesen sei über den Brief, den ich geschrieben hatte, nachdem eine meiner Bitten nach einem Gespräch erneut abgelehnt worden war. Er könne heute leider nicht anwesend sein, wolle mich aber doch wissen lassen, dass ich ihn falsch verstanden hätte. Falsch verstanden? Ich erinnere die anwesenden Herren daran, dass sich die Terminvereinbarung über Monate hingezogen hat. Erst nachdem ein Bezirksbeamter vermittelnd tätig wurde, war dieses Treffen möglich.

Dann ergreift der Vorstandsberater der Sicaw das Wort, ein Türke mit asiatischen Gesichtszügen, der für dieses Treffen offensichtlich vom Vorsitzenden delegiert wurde. Ein paar Stühle weiter sitzt Zeki, ein Verwaltungsmitarbeiter, der als einzige bezahlte Kraft für den täglichen Betrieb des Internats verantwortlich ist. Mein dritter Gesprächspartner ist Deniz, der Schulbetreuer von Bekir Erdogan. Der Vorstandsberater hält einen langen Vortrag über die Urbanisierungswelle in der Türkei, die die gleichen Probleme gezeitigt habe wie die, denen man heute in den niederländischen Großstädten begegne. Auch damals seien Internate eine Hilfe gewesen. Türkische Kinder vom flachen Land ohne Ausbildung seien dort untergekommen, um Versäumtes nachzuholen.

Der Vorstandsberater weist darauf hin, dass türkische Kinder im Vergleich zu niederländischen Kindern in der Schule oft große Defizite haben. Ihre Eltern sprechen häufig schlecht Niederländisch, und er ist der Überzeugung, dass ihnen zuhause meist nicht die notwendige Unterstützung und Struktur zuteil wird, um in der Schule erfolgreich zu sein.

Die Eltern begriffen auch das niederländische Schulsystem nicht, ergänzt Zeki.

Die Zielsetzung des Internats sei, erklärt der Vorstandsberater, und er formuliert vorsichtig: „... bei den Jungen eine stabile Identität und einen vernünftigen Lebensrhythmus zu entwickeln." Ekmel versuche zu kompensieren, was die Kinder im Elternhaus nicht bekämen.

Die Niederlande seien eine *open society*, sagt er in fast feierlichem Ton: „Darum wollen wir, dass unsere Organisation transparent wird, das ist unbedingt erforderlich, auch im Hinblick auf die öffentlichen Zuschüsse."

Ekmel bekommt jährlich 3.500 Euro vom Bezirk. Als Beitrag für die Hausaufgabenbetreuung.

Die Jungen im Ekmel sind strengen Regeln unterworfen. Früh aufstehen, wer möchte, kann beten, dann frühstücken. Jeden Morgen wird kontrolliert, wie spät die Schüler das Haus verlassen.

Welchen Platz nimmt die Religion im Ekmel ein? Zu welcher türkisch-islamischen Richtung gehört die Institution?

„Wir gehören zu den Süleymanci", sagt der Vorstandsberater. „Was nicht heißen soll, dass wir nur hinter diesem einen Mann herlaufen."

Die Süleymanci-Bewegung besteht aus orthodoxen Muslimen, die in der Regel als konservativ gelten. In ihrem Glauben spielt die Mystik eine große Rolle. Die Süleymanci bilden in der Türkei eine geschlossene Bruderschaft. Sie konzentrieren sich auf ihre Religion, auf den

Unterricht und die Verehrung von Süleyman Hilmi Tuna-
han, der 1959 verstarb.

Der Islam sei die Richtschnur in ihrem Leben, sagt
der Vorstandsberater. Er sei eine positive Kraft. Und das
sei wichtiger als zu betonen, welcher Richtung sie ange-
hörten.

Die Schlafsäle sind eigentlich große Schlafzimmer,
allerdings mit sechsundzwanzig Schlafstellen. Die Etagenbetten stehen dicht nebeneinander, für Kleider oder ein
Buch ist kein Platz. Der persönliche Besitz ist im Erd-
geschoss in Spinden eingeschlossen.

Die Zöglinge reinigen die Räume und waschen ihre
Wäsche selbst. Ein Raum mit Waschmaschinen und Trock-
nern steht ihnen zur Verfügung. Sie decken den Tisch,
räumen ab und spülen das Geschirr. Im Ekmel ist man
ständig eingespannt.

Die drei Schulbetreuer erhalten für ihre Arbeit Kost
und Logis im Internat. Sie studieren noch. Deniz, der
Schulbetreuer von Bekir Erdogan, der in einem kleinen
Dorf in Gelderland aufwuchs, studiert jetzt Jura an der
Amsterdamer Fachhochschule. Die anderen Betreuer, Emre und Ozan, kommen aus Afghanistan und studieren Be-
triebswissenschaft an der Freien Universität. Die Brüder
flohen vor zehn Jahren mit ihren Eltern, die Analphabeten
sind, aus ihrem Land. Wie Deniz und Zeki verbrachten
sie ihre Sekundarschulzeit in einem ähnlichen islamischen
Internat. Sie glauben, dass sie ohne dieses Institut nie so
weit gekommen wären.

Ganz unten ist die Moschee, ein großer Raum, in dem
Hunderte von Männern beten können. Zum Freitagsgebet
kommen sie aus der ganzen Stadt hierher. Die Frauen beten in einem getrennten Raum.

Glaube sei zum großen Teil eine Sache der Disziplin, erzählen die Männer. Wenn man nach den Regeln des Korans lebe und sich an alle Gebote und Verbote halte, könne nichts schief gehen.

„Er ist bei allem unsere Grundlage", sagt Emre. „Er bestimmt unser tägliches Handeln."

Aber was passiert später, wenn die Schüler ihren eigenen Weg gehen wollen, frage ich. Was, wenn sie dem Glauben abschwören?

„Das passiert nicht", sagt Zeki, der als einziger für seine Arbeit bezahlt wird, resolut. Er ist der festen Überzeugung, dass ihr religiöses Bewusstsein nur noch stärker wird. „In fünfzehn Jahren braucht man ein Internat wie das Ekmel vielleicht gar nicht mehr", sagt Zeki. Doch zurzeit lebten viele Eltern, deren Kind im Ekmel sei, so in ihrer eigenen kleinen Welt, dass sie alles, was außerhalb geschehe, als bedrohlich empfänden. Aber sie wollten auch, dass ihr Kind studiere, Arzt oder Anwalt werde. Nur hätten sie oft keine Vorstellung, was ihr Sprössling eigentlich leisten könne, und sie seien mit den Unterschieden zwischen den einzelnen Schulformen und Abschlüssen nicht vertraut.

Und wenn ihr Kind die schulischen Anforderungen nicht erfüllen könne und Probleme habe, seien die Eltern auf die Lehrer wütend, die sich angeblich nicht um ihren Sohn oder ihre Tochter kümmerten. Und auf die Schule, weil sie die Eltern ihrer Ansicht nach nicht ausreichend informiere. Und auf die Gesellschaft, die Migranten benachteilige. „Die Eltern wollen oder können nicht verstehen, welche Rolle sie dabei spielen", sagt Zeki.

Ein paar Wochen später darf ich am Abendessen im Ekmel teilnehmen. Wieder stehen Pantoffeln für mich bereit. Deniz geht entspannt auf Socken vor mir die Treppe hoch.

Wir sitzen wieder im Empfangsraum.

Vier Augenpaare schauen mich fragend an.

„Was möchten Sie gern wissen?", fragt Emre.

„Wie ihr euch eure Zukunft vorstellt."

„Wir möchten es weit bringen", sagt Emre. Er ist nicht schüchtern. Dunkles Haar, lebhafte Augen, aus denen der Ehrgeiz spricht. „Wir wollen nicht nur mitmachen, wir wollen auch Einfluss ausüben. Das ist sehr wichtig, wir sagen es den Jungs hier immer wieder. Nur wenn du lernst, kannst du weiterkommen."

Unten bereiten die Köche das Essen zu. Auf dem Herd stehen große Töpfe mit gefüllten Kartoffeln. Es gibt Reis, Pasta, zum Dessert Trauben und Bananen.

Der Speisesaal befindet sich im Souterrain. Während des Essens verhalten sich die achtzig Jungen auffallend ruhig. Nach dem Essen macht sich jeder an seine Schularbeiten.

Bekir sitzt an seinen Matheaufgaben, Deniz guckt ihm über die Schultern.

„Nur nicht aufgeben, das ist das Wichtigste", sagt Zeki.

„Man muss durchhalten", stimmt ihm Emre zu.

„Emre", fragt Zeki, „wie viele Diplome hast du?" Als Emre etwas unsicher im Zimmer steht und schweigt, sagt Zeki stolz: „Er ist Fahrlehrer. Er hat sogar sein Erste Hilfe-Diplom! Wirklich, Emre ist sehr intelligent!"

Danach unterhalten wir uns über kulturelle Unterschiede. Niederländische Männer und Frauen schauen sich in die Augen, in der muslimischen Kultur ist das unhöflich.

„Was macht man, wenn man sich irgendwo bewirbt?", fragt Emre. „Soll man den anderen dann anschauen? Oder besser nicht?"

Höflichkeit bedeutet für sie also, Abstand zu halten. Und den Blick zu senken, wenn man sich irgendwo bewirbt.

Draußen ist es inzwischen dunkel.

Zeki sagt, dass er die Welt, in der ich lebe, so anders finde.

Was ist für ihn der größte Unterschied?

„Ihr seid so frei", sagt Zeki.

In welcher Hinsicht?

„Ihr macht alles."

Sind wir sündig?

„Manchmal, ihr trinkt Alkohol und nehmt Drogen."

„Ungläubig, ist das grundsätzlich schlecht?"

„Ja, natürlich ist das grundsätzlich schlecht."

Zeki ist seit kurzem verheiratet.

Warum hat er seine Frau aus der Türkei geholt?

„Das gehört sich so in unserer Kultur. Wir heiraten jemand aus der Verwandtschaft."

Elternabend

OKTOBER 2004. Bekir Erdogans Vater und auch Deniz, sein Schulbetreuer im Ekmel, sind zum Elternabend gekommen. Der Konrektor begrüßt die Schüler und Eltern in der Aula. Dann gehen Schüler und Eltern in die entsprechenden Klassenzimmer. Die Schüler der 2K sind nun alle eine Klassenstufe weiter. Die meisten Mädchen haben die Fachrichtung Pflege gewählt. Die Jungen werden Automechaniker oder lassen sich im kaufmännischen Bereich ausbilden. So auch die Schüler der 3L; ihr Mentor im neuen Schuljahr ist Jacob Eikelboom, der Niederländischlehrer.

Er nimmt seine Aufgabe sehr ernst. In den letzten Tagen hat er alle Eltern angerufen und betont, dass die Teilnahme am Elternabend Pflicht sei. „Ja, Herr Eikelboom", sagten die Eltern. „Natürlich kommen wir." Weniger als die Hälfte von ihnen ist erschienen.

Mohammed, einer der Störenfriede aus der 2K, ist mit einer ganzen Delegation angerückt: beide Eltern und seine Schwester. Herr Mouali trägt heute keine Djellaba, sondern eine Lederjacke. Er wirkt wie ein anderer, moderner Mann. Er sei müde, sagt er. Von der schweren Arbeit. Sogar der Vater von Mehmet Demircan hat seine Tapasbar für eine Stunde im Stich gelassen. „Es klappt gut, jetzt brauch ich nur noch neue Kunden."

Samirs Eltern, die bisher noch bei keinem Elternabend waren, sind auch heute nicht gekommen, obwohl sie es feierlich versprochen hatten.

Eikelboom heißt die Eltern willkommen. Er schreibt seine Handynummer an die Tafel, damit die Eltern ihn jederzeit anrufen können. „Jetzt erst mal ein paar ganz allgemeine Punkte", sagt er. „Bitte sorgen Sie dafür, dass ihr Kind rechtzeitig aufsteht. Erscheint ein Schüler nicht pünktlich zum Unterricht, rufe ich sofort zuhause an. Einige von Ihnen kennen das schon. Ein bisschen Disziplin ist wichtig. Die Schüler müssen lernen, pünktlich zu sein. Wenn sie demnächst ein Praktikum machen, können sie sich eine lasche Haltung nicht mehr erlauben." Eikelboom blickt in die Runde, die Eltern schweigen. „Mir ist aufgefallen", fährt er fort, „dass viele Kinder kein Schreibzeug dabeihaben. Das geht nicht, wie sollen sie da arbeiten?" Mit Nachdruck: „Die Schulsachen ihrer Kinder müssen in Ordnung sein. Ich finde, dass es Ihre Aufgabe ist, dafür zu sorgen."

Bekir Erdogans Vater sieht müde und blass aus, Deniz hingegen ist sehr aufmerksam. Er bombardiert den Mentor mit Fragen. Eikelboom sagt, für Kinder mit Sprachproblemen gebe es besondere Hilfsangebote. Was das genau beinhalte, möchte Deniz wissen. Womit könne Bekir rechnen? Eikelboom hat nicht gleich eine Antwort parat. „Halten Sie mich dann bitte auf dem Laufenden?", sagt Deniz resolut.

Am Schluss schaut mich Herr Erdogan vielsagend an. „Verstehen Sie jetzt", sagt er leise, „dass ich meinem Sohn nicht helfen kann?"

Türkische Häppchen

UNMITTELBAR NACH DEM MORD an Theo van Gogh wird das Ekmel zusätzlich bewacht. Polizeibeamte fahren regelmäßig Streife. „Ich hab das Gefühl, dass die Leute mich jetzt mit anderen Augen sehen", sagt der in Afghanistan geborene Emre. Seit der Ermordung Theo van Goghs sei ihm bewusst geworden, wie isoliert er lebe. „Vielleicht", sagt er, „hätte ich weniger Angst vor der Zukunft, wenn ich mehr Kontakt zu Niederländern hätte."

Die ganze freigewordene Aggression macht ihm Angst. Er weiß nicht, mit wem er über solche Dinge sprechen kann. „Meine Freunde und Angehörigen leben nur in ihrer eigenen Welt. Sie sprechen so gut wie gar nicht darüber."

Der sonst so lebenslustige Deniz ist kaum wiederzuerkennen. Er sieht müde und lustlos aus. Vor knapp drei Wochen musste er mit dem Rettungswagen ins Krankenhaus gebracht werden. Eine verschleppte Lungenentzündung. Seine Eltern, die unweit der deutschen Grenze wohnen, wollten bei ihrem todkranken Sohn sein. Sie wohnten ein paar Wochen bei Verwandten in der Nähe von Amsterdam.

Alle schrecklichen Ereignisse, der Mord an Theo van Gogh, die Belagerung des Den Haager Stadtviertels Laakkwartier, die Brandanschläge auf islamische Schulen und Moscheen und christliche Kirchen konnte Deniz vom Krankenbett aus im Fernsehen verfolgen. Er hatte das Gefühl, die Niederlande befänden sich im Kriegszustand.

Am 18. November 2004, um Viertel vor sechs, machen sich Deniz, Emre und einige ältere Schüler im strömenden Regen auf den Weg zum *Mondriaan College*. In dieser Schule, in der Mohammed Bouyeri sein Fachabitur gemacht hatte, findet am Abend eine geschlossene Diskussionsveranstaltung statt. Mehrere türkische und marokkanische Organisationen in Slotervaart hatten diesen Abend seit Monaten geplant und vorbereitet, doch nach der Ermordung Theo van Goghs wurde das Programm umgeworfen. „Sicherheit und Integration" sollen nun die einzigen Themen sein. Das Ekmel-Internat hat unter Zekis Leitung türkische Häppchen zubereitet, die im Anschluss an die Diskussion serviert werden.

Der Amsterdamer Bürgermeister Cohen wird auch erwartet, die Schule ist also gut bewacht. Überall stehen „unauffällige" Männer in Anzügen und mit Stöpseln in den Ohren. Mehrere hundert Gäste sind anwesend. Emre ist aufgeregt, er soll zum ersten Mal im Leben in der Öffentlichkeit sprechen. Im Forum führt er als Vertreter vom Ekmel das Wort.

Alle Organisationen haben ihre Anhänger mitgebracht, hauptsächlich türkische und marokkanische Männer. Nach den erbaulichen Worten des Bezirksbürgermeisters und des Bezirksabgeordneten – „wir wollen nach vorne schauen" –, ist Bürgermeister Cohen an der Reihe. Auf ihn hat das Publikum gewartet.

„Die Frauen müssen mehr aus dem Haus gehen", sagt er mit Nachdruck, als er vor dem Mikrofon steht. Die Männer im Saal murren. Die Frauen applaudieren dem Bürgermeister.

Eine Lehrerin in der ersten Reihe sagt, dass die Schüler in Haupt- und Realschulen heutzutage so schwierig seien. Die Eltern müssten sie besser erziehen, meint sie. Die Frau wird ausgebuht. Cohen kommt auf den Mord an Theo van Gogh zurück. Er spricht leidenschaftlich, als ob er jeden einzelnen davon überzeugen wolle, wie wichtig es sei, dass die wachsende Kluft zwischen Muslimen und Nichtmuslimen überbrückt werde. „Ich kann verstehen, dass Sie Angst haben, aber ich bitte Sie: Schöpfen Sie Kraft aus Ihrer Angst. Kommen Sie nach vorne. Zeigen Sie, wer Sie sind. Sagen Sie mir, welche Ansichten Sie vertreten. Bekämpfen Sie das Böse dadurch, dass Sie Ihre Meinung äußern.“

Cohen erhält Applaus. „Genau darum geht's“, flüstert Emre, der kurz danach aufs Podium geht. Er kommt jedoch kaum zu Wort. Die Stimmung im Saal heizt sich auf, jeder möchte etwas sagen. Ein Marokkaner mit einem Orden der Königin am Revers ergreift auf Arabisch das Wort. Die Journalistin Samira Abbos, die den Abend moderiert, übersetzt seine Worte geduldig ins Niederländische. Hinter ihr steht ein stämmiger Mann mit einer empörten Miene. „Sie übersetzt es falsch“, ruft er wütend. „Das hat er überhaupt nicht gesagt!“

Das Thema „isolierte Frauen“ wird erneut angesprochen, jedoch gleich wieder abgeschmettert. „Unseren Frauen geht es gut“, schreien die Männer um die Wette.

„Was werden Sie tun, um jungen Marokkanern zu helfen?“, fragt der marokkanische Vorsitzende der Stiftung *Harmonieus Samenleven* (Harmonisches Miteinander) triumphierend den Bürgermeister. Cohen hatte ihn vorher gefragt, warum sich Männer und Frauen in seiner Stiftung in getrennten Räumen träfen.

„Marokkanische Jugendliche werden ausgegrenzt“, ruft der Vorsitzende wütend. „Sie kriegen keine Praktikumsstellen! Wenn Mohammed Bouyeri Arbeit gehabt hätte", ruft er anklagend, „wäre Theo van Gogh nicht ermordet worden!"

„Schalten Sie nicht immer gleich auf Abwehr", hält Cohen seiner inzwischen aufgebrachten Zuhörerschaft entgegen. Und fügt mit Nachdruck hinzu: „Tragen Sie selbst Verantwortung! Schieben Sie es nicht auf die Presse!"

Er verlässt das Podium, winkt ins durcheinander schreiende Publikum. Erst als er durch einen Seitenausgang hinausgeht, gesellen sich seine Leibwächter zu ihm.

Nachdem der Bürgermeister fort ist, bekommt Samira Abbos die Veranstaltung nicht mehr in den Griff. Die Männer verlassen murrend den Saal. In der Eingangshalle des *Mondriaan College* stehen Schüler mit Häppchen bereit: Käsewürfel mit holländischen Fähnchen und Cracker mit Rindersalami.

Zeki kommt aus dem Saal. Erschrocken blickt er auf die rot-weiß-blauen Fähnchen.

„Und was ist mit *unseren* Häppchen?"

Die Schule in der Elternrolle

IM VERGANGENEN JAHR verbrachten mindestens vier Schülerinnen des *Calvijn College* die Sommerferien in einem Internat in Amsterdam-Ost. Dort lernten sie, den Koran zu lesen. Nach den Ferien waren sie ganz begeistert. Sie hätten eine prima Zeit gehabt, erzählten sie dem erstaunten Lehrer, der gar nicht wusste, dass es so etwas in Amsterdam gibt: einen Islam-Schnellkurs auf Arabisch für fünfzehnjährige Mädchen.

Die Stadtverwaltung kennt nicht alle Internate auf islamischer Grundlage. Manche entziehen sich allen Vorschriften. Es kommt vor, dass Privatleute ein kleines Internat gründen. Sie stellen ein paar Etagenbetten auf, kaufen Geschirr, und schon kann's losgehen.

Theo Hesp, der im *Calvijn* für Problemschüler verantwortlich ist, erzählt, immer mehr Eltern kämen mit der Frage zu ihm, ob er keine Adresse für sie wüsste. Sie fühlten sich mit der Erziehung des Sohnes oder der Tochter überfordert. „Die Entwicklung ihrer Kinder geht ihnen zu schnell."

Im Umgang mit Heranwachsenden, die sich gegen die elterliche Autorität auflehnen, wissen die Väter und Mütter oft keinen Rat. Ein Internat betrachten sie dann als Lösung. Theo Hesp befürwortet es nicht, Kinder in dem Alter schon von den Eltern zu trennen. „Ich halte nichts davon", sagt er. „Was machen die Kinder in so einem Internat? Ihre Hausaufgaben? Beten? Das Leben besteht doch aus mehr! Sie sollen Sport treiben, mit ihren Eltern ins

Kino gehen oder andere schöne Dinge unternehmen. Die Eltern stecken ihre Kinder in ein Internat, um sie los zu sein. Ich finde das nicht in Ordnung."

Mit Bekir läuft es prima. Er bekommt kaum noch Fünfen. Trotzdem gehören die Schüler zu ihren Eltern und nicht in ein Internat, ist die Meinung der Lehrer im „Calvijn College". Wer bringt ihnen in so einer Einrichtung Zuwendung, Wärme oder gar Liebe entgegen?

Die Befürworter dieser Internate argumentieren vor allem mit Disziplin und Regelmäßigkeit, etwas, das die Jungs zuhause entbehrten. Im Internat werde auf sie aufgepasst. Ihre Schulleistungen seien besser, als wenn sie bei den Eltern wohnten. Denn da helfe ihnen niemand bei den Hausaufgaben.

Gegner behaupten, dass die Jugendlichen in so einer türkischen Enklave noch stärker isoliert seien. Die Jungen im Ekmel gehen nur mit anderen Türken um. Wie können sie da etwas über die niederländische Gesellschaft lernen?

Internate verschließen sich vor der Umwelt, sagen die Gegner.

Jedes Internat, sagen Kritiker, basiere auf einer politisch-religiösen Grundlage. Eltern gäben ihr Kind nur aus der Hand, wenn die Umgebung ihrer politischen und religiösen Überzeugung entspreche. Die formbare Kinderseele könne für politische oder religiöse Ziele missbraucht werden.

Auch die Schule hat die Erzieherrolle von den Eltern übernommen. Die Lehrer im *Calvijn* werden tagtäglich damit konfrontiert. Ihre Schüler haben keinerlei Überblick über das, was von ihnen verlangt wird. Die Lehrer müssen in diesem Bereich Hilfestellung leisten. Sie merken auch, dass die Schüler ein Bedürfnis danach haben. Viele Kinder kommen morgens zu früh in die Schule und halten sich noch lange nach Schulschluss dort auf.

Sogar eine Schule wie das *Calvijn*, in der es laut hergeht, ist für die Schüler eine Oase der Ruhe.

Einige Lehrer sind über diese Entwicklung verärgert. Ihr Auftrag sei es, den Schülern etwas beizubringen, und nicht, aufsässige Fünfzehnjährige ständig zur Ordnung zu rufen und zu kontrollieren.

Ihnen ist klar, dass die Ursache der meisten Schulprobleme im Elternhaus zu suchen ist. Die große Frage ist jedoch: Was kann man dagegen tun?

Im Büro von Theo Hesp, kurz vor den Sommerferien. Ein türkisches Mädchen im Minirock holt ihr Zeugnis ab. Hesp sagt, wie leid es ihm tue, dass sie nun schon zum zweiten Mal zurückgestuft werden musste. Obwohl sie doch eigentlich eine gute Schülerin sein könnte. „Soll ich deine Mutter anrufen?", schlägt er vor. „Dann könnte ich mit ihr darüber sprechen." Das Mädchen zuckt die Achseln. „Das können Sie sich schenken", sagt sie lässig. „Sie versteht doch kein Niederländisch."

Sie dreht sich um und geht hinaus.

„Ich bin davon überzeugt, dass wir diesen Kindern viel vermitteln können", sagt Hesp später. „Ein positives Weltbild. Eine gut fundierte Meinung. Wir haben sie bisher viel zu sanft behandelt. Wirklich schade, dass es bei uns keine Wehrpflicht mehr gibt. Dort lernte man, zuzuhören und das zu tun, was von einem verlangt wurde. Wir müssen doch miteinander leben." Die Schule sei heute größtenteils nur noch eine Auffangstelle, wo den Kindern außerdem etwas beigebracht werden müsse, sagt Hesp. „Dadurch verliert mancher Lehrer die Freude am Beruf.

Nein, die Eltern stecken bis zum Hals in Schwierigkeiten. Sie haben auch keine Antwort auf den Protest ihrer Kinder."

Struktur, Klarheit, keine zu hohen Anforderungen stellen. Das gibt den Schülern mehr Halt, glauben die Lehrer. Jongkind weiß, dass ein erfolgreicher Lehrer am *Calvijn* auch Erzieher sein muss. Wenn ein Schüler tagelang im selben fleckigen Pulli in der Klasse sitzt, fragt ihn Jongkind zum Beispiel, wann seine Mutter denn mal wieder waschen würde. Vor allem ist es ihm wichtig, den Kindern beizubringen, dass sie einander zuhören. Und dass sie lernen, bis zehn zu zählen, wenn sie wütend werden.

Und die Eltern?

„Um die Eltern kann ich mich nicht auch noch kümmern", sagt Jongkind. „Was soll ich ihnen sagen? Oft haben sie nicht einmal den Überblick über ihr eigenes Leben."

Die „weiße" Ausnahme

SIE PASST SICH SCHON SEIT DREI JAHREN AN. Jessica ist ab der Sechsten die einzige Niederländerin in ihrer Klasse, alle ihre Mitschüler sind Zuwandererkinder. Ihre Mutter beklagt sich nicht über die Ausnahmeposition ihrer Tochter. „Ich sag zu Jessica: Die Schule ist deine Zukunft. Aber ich hab gut reden. Ich hatte früher nur Freundinnen, die die Schule an den Nagel gehängt haben. Und da hab ich die Schule auch geschmissen. So was geht heute nicht mehr. Heutzutage muss man Abschlusszeugnisse vorweisen."

Jessica Jager ist blond und kräftig. Sie strotzt vor Gesundheit. Ihre Leistungen reichten nicht für eine weiterführende Schule, und so landete sie im *Calvijn*. Mit den Mädchen in der 2K versteht sie sich gut. Von den Jungs wird sie gehänselt. Die sagen „Mops" zu ihr. Oder „Schweinchen".

Jessica flippt nicht aus, sie ist ein freundliches Mädchen und nimmt das Leben, wie es kommt. Ihre Eltern sind geschieden. Seit einigen Jahren hat ihre Mutter einen neuen Mann, Bert van Staveren. Jessica und ihr Stiefvater kommen gut miteinander aus. „Aber", sagt die Mutter, „meine Kinder hatten unter der Scheidung ganz schön zu leiden." Im Wohnzimmer stehen überall kleine Glastiere und anderer geliebter Schnickschnack. Die Babyschuhe der Kinder hängen an der Wand.

Bei meinem ersten Besuch ist Jessicas Mutter krank. Sie hat Schmerzen in der Leiste, musste sich mehreren Untersuchungen unterziehen, doch die Ärzte konnten nichts finden. Als sie das letzte Mal zur Untersuchung im Krankenhaus war, riet ihr der Arzt, zu einem Psychologen zu gehen. Frau van Staveren, kräftig gebaut wie ihre Tochter, muss lachen, sie kann das Wort kaum aussprechen. „Was soll ich denn da? Mir fehlt doch nix am Kopf!"

Hilft sie ihrer Tochter bei den Schularbeiten?

„Ich sag schon zu ihr: Mach deine Hausaufgaben. Dann sagt Jessica ‚Ja, Mama‘, aber hinterher merk ich, dass sie keine gemacht hat. Sie hat einen Kalender, aber manchmal trägt sie nur die Hälfte von dem ein, was sie auf hat. Wie soll ich das kontrollieren?"

Bei meinem zweiten Besuch ist ihr neuer Mann auch anwesend. Er ist Lastwagenfahrer und verdient sich in seiner Freizeit als Tontechniker etwas dazu. Jessica ist inzwischen in die neunte Klasse versetzt worden. Auch hier ist sie wieder die einzige Niederländerin. Sie möchte Familienpflegerin werden, schon seit langem. Deshalb hat sie Mathematik abgewählt. Ihr Stiefvater: „Ich war damit nicht einverstanden."

Herr van Staveren sitzt am Computer und schaut sich die Fotos ihres gerade renovierten Wohnmobils, das einen festen Standort in Gelderland hat, und des selbstangelegten Springbrunnens im dazugehörigen Garten an. Sie fahren fast jedes Wochenende hin. „Herrlich", sagt Frau van Staveren. Ihre Eltern sind zu Besuch. Nach einer Tasse Kaffee verabschieden sie sich. Sie fahren am nächsten Tag für eine Woche Urlaub nach Valkenburg.

„Die Schule ist eine Katastrophe", sagt Bert van Staveren. „Ich brauch ja vor Ihnen ja kein Blatt vor den Mund zu nehmen. Nur Ausländer. Ich hab echt nix dagegen, dass da nur Türken und Marokkaner sind. Darum geht's nicht. Aber schlimm ist es schon, dass sie die einzige Holländerin in der Klasse ist. Ach, was soll's, wenn das Mädel damit leben kann, kann ich's auch."

„Jessica macht bei allem mit, was ihre muslimischen Klassenkameraden machen", fällt ihm seine Frau ins Wort. „Im Ramadan fastet sie auch. Sie mag nicht essen und trinken, wenn die anderen fasten."

„Die Schulleitung taugt nichts", ruft Bert hinterm Computer. „Sie schlagen nicht sofort Alarm, wenn's Probleme gibt."

Jessica hat letztes Jahr eine Geburtstagsparty gegeben, erzählt die Mutter. Sie hat fünf Mädchen aus ihrer Klasse eingeladen. „Es war richtig schön, die Mädchen haben getanzt und hatten ihren Spaß. Ich hab natürlich gut aufgepasst, was ich ihnen zu essen gemacht habe. Frikadellen und so kamen nicht auf den Tisch."

Als Pluspunkt der Schule sieht es Frau van Staveren, dass es nichts ausmache, ob ein Kind Markenklamotten trägt oder nicht. „Ich bring meinen Kindern bei, andere Menschen zu nehmen, wie sie sind. Ich sag immer: Hauptsache, das Herz sitzt am rechten Fleck." Sie schlägt sich mit der Faust auf die Brust. „Unsere Jessi ist ein kräftiges Mädchen. Beim Turnen wurde sie damit aufgezogen. Von holländischen Kindern. Das fällt mir auf. Hier wird sie nicht nach ihrem Äußeren beurteilt."

Die Eltern finden sich mit der Ausnahmeposition ihrer Tochter ab. Sie wissen, dass sie kaum eine andere Wahl haben. „Nur die Sache mit dem Schulausflug, das ging mir zu weit", sagt der Stiefvater empört. „Sie wollten in einen Vergnügungspark, aber der Ausflug wurde abgeblasen. Die ausländischen Kinder durften nicht mit. Das ist doch unmöglich!"

Die „schwarze" Ausnahme

BEI DER FAMILIE PAHMUK ist die Situation umgekehrt. Ihre Tochter besucht seit kurzem eine Klasse mit ausschließlich niederländischen Schülern. Herr und Frau Pahmuk, die unbedingt aus dem Viertel wegziehen wollten, haben nach dreijähriger Suche eine Wohnung in Badhoevedorp gefunden. Das Dorf in der Nähe von Amsterdam hat ungefähr 12.000 Einwohner. Der Abschied von Ajax-Fußballstar Nigel de Jong, dem Nachbarn, fiel Ercan nicht leicht. Er wollte absolut nicht aus Amsterdam weg, wäre viel lieber im *Calvijn* bei seinen Freunden aus der 2K geblieben. Seine Eltern jedoch waren überglücklich, dass sie das Ghetto endlich verlassen konnten. Keine soziale Kontrolle mehr, und die Kinder können in eine ordentliche „weiße" Schule gehen.

Sie wohnen in einem Neubauviertel. Vorne ein Gärtchen und hinten ein Innenhof. Jedes Kind hat sein eigenes Zimmer, und Herr und Frau Pahmuk müssen nicht mehr in einem Alkoven schlafen.

Das Wohnzimmer ist ganz neu eingerichtet. Es gibt einen separaten Esstisch, anders als in der alten Wohnung, die so klein war, dass jeder seinen Teller auf den Schoß nehmen musste. Vor den Flügeltüren hängen rote Vorhänge, die Frau Pahmuk in Istanbul hat nähen lassen. An einigen Wänden der Wohnung, die von Freunden und Verwandten schön renoviert wurde, hängt das Porträt von Atatürk, dem Vater aller Türken. Er hatte als Präsident die

Trennung von Kirche und Staat eingeführt. Das ist inzwischen mehr als achtzig Jahre her.

Herr Pahmuk steht in der Küche und kocht. Er wurde inzwischen operiert, die Nasennebenhöhlen sind gespült worden. Es hat nicht geholfen. „Ich hab immer Schmerzen", sagt er entmutigt. „Manchmal weiß ich mir nicht mehr zu helfen. Aber die Wohnung ist schön." Er nickt und schaut herum. „Wirklich."

Frau Pahmuk hat es nun nicht mehr so weit zu ihrem Arbeitsplatz. Der Betrieb befindet sich in der Nähe von Schiphol. Sie fährt mit einem Firmenwagen landauf, landab, um Automaten mit Getränkedosen zu füllen.

Für Ercan sei der Umzug am schlimmsten gewesen, erzählen mir die Eltern. Er vermisse Amsterdam-West immer noch. Was soll ich in diesem Nest, frage er sich immer, hier spielt doch kaum jemand den ganzen Tag auf der Straße?

Hatice, seine Schwester, kommt kurz nach drei mit zwei hellblonden Klassenkameradinnen im Schlepptau aus der Schule. Darf ihre Freundin mal kurz zuhause anrufen? Ihr Niederländisch scheint in den paar Wochen, seit sie in die neue Schule geht, schon Fortschritte gemacht zu haben. Ihre Ausdrucksweise ist besser. Kichernd stürmen die drei Mädchen die Treppe zu Hatices Zimmer hoch.

Frau Pahmuk hatte ihre Tochter vor den Sommerferien in der öffentlichen Grundschule in Badhoevedorp angemeldet. Das Gespräch mit dem Direktor sei zu ihrem Entsetzen ganz anders gelaufen als erwartet.

Sie habe noch nicht mal richtig auf ihrem Stuhl gesessen, als der Direktor schon fragte: „Sind Sie sicher, dass ihre Tochter beim Unterricht mitkommt?" Sein Ton gefiel ihr nicht. Frau Pahmuk ist überzeugt, dass er diese Frage einer niederländischen Mutter nicht gestellt hätte. Sie sei sofort aufgestanden und gegangen.

Nun besucht Hatice die katholische Grundschule, ein paar hundert Meter weiter. Dort stand man Frau Pahmuk freundlich Rede und Antwort. Natürlich sei ihre Tochter willkommen. Hatice ist die einzige Türkin in der Klasse. Sie beklagt sich nicht, im Gegenteil. Es gefällt ihr sehr gut in der Schule. Zudem ist sie eine gute Schülerin.

„Wir werden immer anders sein", sagt die Mutter auf einmal, als wir die Treppe zu Hatices Zimmer hochgehen. „Immer. Wir werden nie wirklich dazugehören."

Herr und Frau Pahmuk werden auch hier wieder vom Lärm der Nachbarn gestört. Der Vormieter ihrer neuen Wohnung hatte sie zwar gewarnt, aber sie wollten ihm nicht glauben. Unmöglich, dass es in Badhoevedorp lauter zugehen könnte als in Geuzenveld! Inzwischen wissen sie, dass ihre Nachbarin eine Prostituierte ist und Freier in ihrer Wohnung empfängt.

Hilflosigkeit

Juni 2004. Henk Jongkind hat speziell für Schüler der 2K, die zusätzliche Hilfe benötigen, eine Hausaufgabengruppe ins Leben gerufen. Jeden Mittwoch bleiben einige Schüler dafür eine Stunde länger. Heute herrscht gelassene Ruhe im Klassenzimmer. Die fünf Jugendlichen arbeiten konzentriert.

„Woran erkennt man ein Hauptwort?", fragt Jongkind.

Schweigen.

Jongkind versucht, die Frage einfacher zu formulieren.

„Das Wetter ist schön. Welches Wort in diesem Satz ist ein Hauptwort?"

Nun verstehen sie es.

Nach einer Dreiviertelstunde sind sie ein gutes Stück vorangekommen.

„Danke, Herr Jongkind", sagen sie, bevor sie den Raum verlassen. Niederländisch ist nicht gerade ihr stärkstes Fach. Aber es ist für ihr zukünftiges Leben am wichtigsten.

Melissa Ramesar bleibt noch etwas länger. Sie erzählt Herrn Jongkind, dass sie in letzter Zeit schlecht schlafe, nachts oft wachliege und grüble und dann tagsüber einschlafe.

Sie ist ein liebenswürdiges Mädchen mit schönen Augen und einem manchmal etwas scheuen Blick. Sie kleidet sich nach der neuesten Mode und ist die einzige in der Klasse, die gelegentlich ausgeht. In ein Popkonzert.

Ich besuche Melissas Eltern. Sie arbeiten hart, um die Hypothek für ihre Eigentumswohnung in Osdorp abzuzahlen. Jeden Morgen geht Herr Ramesar, ein hochgewachsener, schlanker Mann mit einer großen Brille, um halb sieben aus dem Haus. Er ist Leiter der Spülküche eines Krankenhauses in Amstelveen. Seine kenianische Frau arbeitet als Reinigungskraft in einem Pflegeheim. Wenn sie um vier Uhr nachmittags fertig ist, geht sie zu ihrem nächsten Job. Dort holt ihr Mann sie um sieben ab. Mit dem Bus fährt sie nicht. Sie ist Analphabetin und kann die Straßennamen nicht lesen. Ihr Mann möchte nicht, dass sie sich verläuft. Abends kommen sie erschöpft nach Hause, wo ihre beiden Töchter warten. Die Wohnung ist blitzsauber. Das Wohnzimmer ist karg möbliert, zwei Sofas, an der Wand ein farbenfrohes Bild eines Wasserfalls. Im Fernsehen läuft ein indisches Programm. Hübsche, junge Talente werden gesucht. Eine Variante der niederländischen RTL-Sendung *Idols*.

Empfindet es Frau Ramesar als Manko, dass sie nicht lesen und schreiben kann?

„Manchmal schon", sagt sie leise.

Frau Ramesar arbeitet schon vierundzwanzig Jahre im selben Pflegeheim, ihr Chef ist Marokkaner.

„Er hat gesagt, sie braucht nicht Niederländisch zu lernen", ruft ihr Mann als Entschuldigung. Seine Frau sitzt da, als sei sie es gewohnt, sich nicht an den Gesprächen zu beteiligen, ein wenig in sich gekehrt. Melissa sitzt neben ihr. Die Mutter streicht ihr übers Haar.

„Ein paar Buchstaben kennt sie schon, aber sie möchte nicht in die Schule", sagt Herr Ramesar. „Wenn sie schreiben lernen würde, könnte sie sich auch besser etwas merken. Ich werde ich es ihr schon noch beibringen!"

Herr und Frau Ramesar sind gastfreundliche Menschen. Beide arbeiten hart, sie haben kaum Zeit für ihre Kinder.

Früher wohnten sie mit ihren beiden Töchtern in der Satellitenstadt Bijlmermeer, südöstlich von Amsterdam. Die Mädchen besuchten eine hinduistische Schule und wurden nachmittags von der Großmutter versorgt. Eine Eigentumswohnung in Osdorp zu besitzen war der Traum von Herrn und Frau Ramesar. Nun sehen die Töchter ihre Oma fast gar nicht mehr. Bijlmermeer ist ihnen zu weit weg.

Die älteste Tochter, sie ist einundzwanzig, war vor einigen Jahren ziemlich rebellisch.

Und nun wird Melissa aufmüpfig. Es gefällt ihr nicht in der Schule. „Ich komme um halb sieben nach Hause", erzählt Herr Ramesar. „Und da liegt sie im Bett und schläft! Sie ist ein bisschen down, glaub ich."

Melissa sitzt geduckt auf der Couch. Sie nestelt an ihren Fingern und starrt auf den Boden. „Das Klima in der Schule ist schlecht. Manchmal hab ich Angst. Ich bin mit keinem der Mädchen richtig befreundet, und die Jungs sind gemein zu mir. Mohammed hat mich geschlagen, weil ich gern Rockmusik höre."

Schweigen.

„Ich werde immer gepiesackt."

Ihre Schwester spornt sie an, durchzuhalten. „Ich sag ständig zu ihr: Mach die Schule zu Ende! Schau mich an, ich hab's vergeigt."

Der Vater, dem seine Hilflosigkeit anzusehen ist: „Ich kann ihr nicht helfen, ich hab nicht mal die Grundschule zu Ende gemacht."

Der Vater: „Melissa hat etwas, wie sagt man dazu gleich

wieder?" Ihre Schwester kommt als erste darauf: „Versagensangst." „Ja", gibt Melissa leise zu. „Ich hab Versagensangst."

Von den Müttern, deren Kinder in die 2K des *Calvijn* gehen, sprechen nur ganz wenige gut Niederländisch. Sechzehn Mütter haben Schwierigkeiten mit der Sprache. Sie haben zwar an Sprachkursen teilgenommen, doch von dem Gelernten ist wenig hängen geblieben.

Den Frauen machen die fehlenden Niederländischkenntnisse nichts aus, jedenfalls sagen sie das. Sie behelfen sich mit ein paar Brocken und Gebärdensprache. Durch ihre unzulängliche Kommunikation mit Niederländern schirmen sie sich vielleicht bewusst ab.

Sie fragen sich nicht, ob es ihren Kindern zugute kommen würde, wenn sie Niederländisch sprechen könnten.

Loyalität

FRAU ALTAN, DIE MUTTER VON CEMAL aus der 2K, meint, sie sei zu alt für einen Niederländischkurs. „Früher hatte ich zuviel zu tun, und heute nimmt mein Gehirn nichts mehr auf."

Esma Altan, Cemals neunzehnjährige Schwester, besuchte als kleines Mädchen die katholische Grundschule. Gegen ihren Willen musste sie mit ihren beiden Brüdern einige Jahre später in die damals neu gegründete islamische Grundschule wechseln. Der Schulwechsel bedeutete auch das Ende ihrer bisher einzigen Freundschaft zu einem niederländischen Mädchen.

„Ich empfinde es als etwas Besonderes, dass Sie hier sind", sagt Esma mehrmals während meines Besuches bei ihren Eltern. „Sie sind die erste Niederländerin, die zu uns nach Hause kommt."

Esma trägt eine grellgelbe Weste, ein farblich passendes Kopftuch und darüber einen schwarzen, straff gebundenen Schal. Sie wohnt bei ihrer Schwester und ist extra zu ihren Eltern gekommen, um zu übersetzen. Cemal ist beim Fußballtraining, er spielt wie sein Bruder Musa bei der erfolgreichen Mannschaft *Turkeymspor*.

Das Wohnzimmer ist ordentlich und klein. Die Gebetsteppiche sind neben dem Fernseher aufgestapelt. Vor nicht allzu langer Zeit wohnten die Altans zu zehnt in der kleinen Wohnung und schliefen in Etagenbetten. Inzwischen sind ihre sechs Töchter, einschließlich Ermine, die seit dem fünfzehnten Lebensjahr Multiple Sklerose hat und ein knallrotes Elektromobil fährt, ausgezogen.

Wie seine Schwester Esma und sein Bruder Musa war Cemal, bevor er ins *Calvijn* kam, in der As Siddieq-Schule. In allen islamischen Grundschulen tragen Mädchen in den höheren Klassen Kopftücher. Ab der dritten Klasse werden Jungen und Mädchen getrennt unterrichtet. In einigen Schulen dürfen die Schüler nicht singen, und im Religionsunterricht wird nur der Islam behandelt.

Herr Altan wollte seinen Sohn eigentlich auf die weiterführende islamische Schule schicken. Von dieser Idee hatten ihn seine Töchter abgebracht; alle sechs hatten ihn bearbeitet und davon überzeugt, wie wichtig der Besuch einer allgemeinen Schule sei. Dann könne Cemal lernen, mit niederländischen Kindern umzugehen. Herr Altan ließ sich von diesem Argument überzeugen. „Aber es gibt dort überhaupt keine niederländischen Kinder", sagt er jetzt enttäuscht. „Das *Calvijn* ist ganz ‚schwarz'."

Herr Altan ist gerade von seiner Arbeit bei der Stadtreinigung nach Hause gekommen. Der kleine Mann mit dem sorgenvollen Gesicht schüttelt entmutigt den Kopf. Er macht sich Gedanken um die Zukunft seiner Söhne. Das Klima in Amsterdam wird immer schwieriger, meint er. „Niederländer schicken ihre Kinder in bessere Schulen, und wenn unsereins seine Kinder dort anmelden will, ist kein Platz."

Söhne in der Pubertät, das ist nicht einfach. Wie kann man verhindern, dass sie einem entgleiten? Wie weiß man, was sie machen? Auch bei Herrn Altan spielt der Glaube eine nahezu mythische Rolle. Wenn ihm sein Sohn sagt, dass er sich in der Schule anstrenge und höflich zu den Lehrern sei, dann ist das so. „Denn Allah weiß, dass mein

Sohn die Wahrheit sagt." Das Cemal schwänzt, vergisst er lieber. „Ich hab gehört, dass Klassenkameraden von Cemal in der Nähe der Schule Hasch rauchen. Das ist nicht gut. Zum Glück hält sich Cemal da raus."

Herr Altan geht plötzlich aus dem Zimmer. Zeit zum Gebet. Eine Viertelstunde später ist er zurück und beteiligt sich in seinem fehlerhaften Niederländisch wieder am Gespräch.

In unseren vier Wänden befolgen wir die Regeln, sagt er. Aber draußen?

„Ich will nicht allzu streng sein. Kinder müssen ihren Weg selber wählen. Wir wollen nur nicht, dass unser Sohn raucht und trinkt. Nicht nur, weil es unsere Religion verbietet, sondern auch, weil es einfach nicht gut für ihn ist."

Während meines zweiten Besuchs sitzt Frau Altan mit angezogenen Beinen auf der Couch. Sie ist klein und etwas mollig. Es ist kurz vor den Sommerferien. Sie sei müde, seufzt sie. Müde von der Erziehung ihrer acht Kinder, von denen eines MS hat. Das ist die große Tragödie der Altans. Drei der Töchter hantieren in der Küche, Ermine, die MS-Patientin, sitzt auf der Couch. Sie ist schmächtig, traditionell gekleidet und kann, da ihre Schwestern ihr helfen, selbstständig wohnen. Jeden Morgen wird sie von einem Kleinbus abgeholt, der sie zu ihrer Arbeitsstelle nach Diemen bringt, wo sie ein paar Stunden in einem Büro arbeitet. Ihre Mutter ist sehr froh, dass für Ermine hier in den Niederlanden so gut gesorgt wird. Sie hält den Daumen hoch. In der Türkei sei das anders.

Die Schwestern sind empört über die Idee, dass ihre Eltern in dem Alter, sie sind fünfzig, noch Niederländisch lernen sollten.

„Das hätten sie früher tun müssen", sagt eine zögernd.

„Damals hatten sie zu viel um die Ohren", meint die ältere.

„Trotzdem wär's schön gewesen", antwortet die jüngste.

Frau Altan erzählt lachend, dass sie diesen Samstag, also am 1. Oktober, demonstrieren geht. Sie sei wütend auf die Regierung, die die Einreise von jungen Ehepartnern aus der Türkei und Marokko erschweren möchte. Das sei ein Skandal, findet Frau Altan. „Angenommen, mein Sohn möchte eine Frau aus der Türkei heiraten. Das muss dann doch möglich sein!"

Das Klima in Amsterdam habe sich sehr verhärtet, finden die Schwestern. Zwei von ihnen sind verheiratet, mit Männern aus der Türkei. Sie sorgen sich manchmal um die Zukunft ihrer Kinder, sagen sie. Sie haben Angst, dass sie genauso isoliert aufwachsen werden wie sie selbst. Sie sehen, wie die Segregation in ihren Wohnvierteln rapide zunimmt. Die katholische Schule, in die ihre Kinder gehen, war vor ein paar Jahren noch relativ „weiß". „Es sieht wirklich so aus, als ob die Niederländer Angst vor uns haben, sie ziehen alle weg", sagt die Tochter enttäuscht. „Als ob sie keinen Kontakt mit uns haben wollen."

An einem Abend im September radle ich wieder durch das Viertel De Baarsjes. Die Altans wohnen an einer breiten Straße, durch die die Straßenbahn fährt. Auf beiden Seiten renovierungsbedürftige Häuser. Es gießt in Strömen.

Um halb sieben, pünktlich zur verabredeten Zeit, klingle ich. Keine Reaktion. Ich rufe an, keiner hebt ab. Ich stelle mich an die Hauswand, um nicht klitschnass zu werden. Ich vermute, dass ein Missverständnis vorliegt. Ich warte.

Nach einer halben Stunde stecke ich einen Zettel durch den Briefschlitz.

Am Tag darauf rufe ich wieder an. Musa, der jüngste Sohn, nimmt ab. Ich würde gern mit Esma sprechen, sage ich. Mit ihr hatte ich die Verabredung getroffen. „Rufen Sie Ermine an", sagt er.

Aber Ermine will mir Esmas Nummer nicht geben. „Es hat keinen Sinn", sagt sie.

„Meine Eltern möchten sich nicht mit Ihnen treffen. Sie haben keine Zeit."

Warum haben sie dann nicht abgesagt, frage ich. Warum ließen sie mich im strömenden Regen stehen?

Ein Vertreter der Moschee Milli Görüs ruft die Altans auf meine Bitte hin an. Herr Altan teilt ihm mit, er habe keine Zeit zum Reden. Er arbeite und er müsse in die Moschee.

Ein paar Abende später läutet das Telefon. Esma. Es tue ihr leid, dass es so gelaufen sei. „Ich hab gehört, dass Sie verärgert waren", sagt sie.

„Wir möchten Sie gern noch einmal einladen."

Als ich sie eine Woche später besuche, sitzt Frau Altan auf der Couch und liest im Koran. Sie murmelt arabische Wörter, das Gesicht von uns abgewandt. Sie reagiert nicht auf mein Kommen, schaut äußerst konzentriert in ihr Buch. „Sie muss dieses Stück genau jetzt lesen", sagt Esma flüsternd.

Ist die Mutter nicht Analphabetin?

„Das ja", sagt Esma, „aber die Zeichen im Koran kann sie rezitieren."

Wir sitzen etwas unbehaglich auf der Couch neben ihrer murmelnden Mutter. Der Vater setzt sich dazu. Er habe Probleme wegen seiner Zuckerkrankheit und seiner Frau tue alles weh. Mehrere Pillenbehälter werden mit Nachdruck auf den Tisch gestellt.

Die Mutter lässt sich auf die Knie fallen und neigt das Gesicht in Richtung Mekka zum Boden. Sie muss jetzt erst beten.

Anschließend preist die Mutter ihre selbstgemachte Karamellcreme an und schenkt heißen Tee ein.

Als sie damit fertig ist, sagt sie: „Ich kann nicht lesen und schreiben, ich spreche nicht Niederländisch. Ich bin kein gebildeter Mensch." Und fügt entschuldigend hinzu: „Tut mir leid, dass ich Ihnen nicht helfen kann."

„Das macht nichts", sage ich zu Esma. „Ich möchte ja gerade Kontakt mit den Menschen, so wie sie sind."

Esma schaut mich fast verzweifelt an. „Ich kann Sie verstehen", sagt sie. „Und ich kann meine Eltern verstehen."

Einbürgerung

Herr Essalhi, Najids Vater, möchte sofort von der Schule informiert werden, wenn sein Sohn etwas angestellt hat. Er ist schon über dreißig Jahre im Lande und spricht recht gut Niederländisch. „Immer wenn's Telefon klingelt, hab ich Angst, dass Najid was ausgefressen hat." Sein Sohn sei ein guter Junge, sagt er. Doch woher sollen Eltern wissen, was ihre Kinder auf der Straße treiben?

Als er letztes Jahr erfuhr, dass Najid einer Lehrerin obszöne Verwünschungen an den Kopf geworfen hatte, ging er gleich in die Schule und versicherte der betreffenden Lehrerin, dass sein Sohn solche Ausdrücke nicht von ihm gelernt habe. „Das hatte sie nämlich geglaubt, aber jetzt nicht mehr."

Kinder zu erziehen wird immer mühsamer, findet Herr Essalhi. „Wenn ich meinen Kindern etwas verbiete, wollen sie wissen, warum. Die Eltern haben nicht mehr das letzte Wort." Nach kurzem Schweigen sagt er: „Ich glaube, Erziehung ist für Marokkaner schwerer als für Niederländer. Die Einheimischen wissen besser, wie es hier läuft und worauf es ankommt. Wenn man, wie die meisten Niederländer, lange zur Schule gegangen ist, ist das Gehirn viel offener für Neues. Aber wenn's da oben blockiert ist, dann wird das Erziehen schwerer."

Najids Vater ist ein höflicher Mensch. „Ich hab meine Frau gefragt, ob sie Niederländisch lernen will", erzählt er. Erst später, als die Kinder etwas größer waren, habe sie

Interesse gezeigt. Sie sei ins Nachbarschaftshaus gegangen, um es zu versuchen. Er zuckt mit den Schultern. „Es ist ihr nur nicht geglückt."

Bei meinem ersten Besuch sitzt Frau Essalhi geduckt am Fenster. Als würde sie nicht dazugehören. Ihr Mann führt das Wort. Als ich gehe, kommt mir laute Musik aus dem VW Golf entgegen, der vor dem Haus parkt. Freunde eines Bruders von Najid lehnen lässig an den offenen Autotüren. Frau Essalhi ist unterdessen in die Küche gegangen. Sie drückt das Gesicht ans Fenster und winkt, bis ich aus ihrem Blickfeld verschwunden bin.

Die Familie Essalhi wohnt in Geuzenveld, einem der ärmsten Stadtviertel in Amsterdam-West. Die Stadt hofft, durch den Abriss alter Häuser und den Bau neuer Eigentumswohnungen kapitalkräftigere Bewohner anzuziehen. Amsterdam-West braucht neuen Elan.

Hier hat Mohammed Bouyeri in den vergangenen Jahren gewohnt. Nichts erinnert an „das Terrornetzwerk", das da Ende 2004 zerschlagen wurde. Im Viertel herrscht Ruhe.

Auf der Ecke befindet sich eine zur Moschee umgebaute Kirche. Das Freitagsgebet hat soeben angefangen. Männer gehen hastig hinein. Auf dem Platz beim Bezirksamt sieht man auffallend viele Frauen mit Kopftuch. Eine von ihnen schiebt einen Kinderwagen. Sie trägt einen Niqab, das blaue Tuch bedeckt ihr ganzes Gesicht. Nur ein winziger Schlitz für die Augen bleibt übrig.

Frau Essalhi hat *kipsaté* (Hühnerfleischspießchen mit Erdnuss-Sauce) zubereitet. Sie sitzt wieder am Fenster und beteiligt sich nicht am Gespräch. Das Wohnzimmer ist sehr schlicht eingerichtet. Vor der Wand steht eine große

Eckcouch. An dem niedrigen Couchtisch wird auch gegessen.

Herr und Frau Essalhi haben sechs Kinder. Die beiden Töchter sind seit einigen Jahren mit Verwandten aus Marokko verheiratet. Latifa wohnt mit Mann und zwei kleinen Kindern in Slotermeer, Samira ist mit ihrem Mann nach Zaanstad gezogen. Der älteste Sohn, er ist siebenundzwanzig, wohnt noch zuhause. Er ist momentan arbeitslos. „Was soll ich machen?", sagt sein Vater seufzend. „Er hört nicht auf mich." Die Zwillinge Adil und Najid gehen noch zur Schule: Adil, klein und schmächtig, aufs *Calandlyceum*, Najid, der im Unterschied zu Adil sehr groß ist, ins *Calvijn College*.

Vater und Mutter Essalhi stammen aus dem Süden Marokkos. Aus dem Atlasgebirge, auf der Saharaseite. Er ging in seiner Kindheit eine Zeitlang zur Schule. Sie nicht. Mädchen brauchten nicht zu lernen.

Herr Essalhi erzählt, wie isoliert sie aufgewachsen sind. „Unser Dorf liegt in der Wüste. Die Dorfgemeinschaft bestand aus vierzig Familien. Mehr nicht. Wir hatten einen Brunnen in der Nähe, sonst hätten wir überhaupt nicht existieren können. Wir lebten von dem, was der Boden hergab. Wir bauten Bohnen, Oliven und Mandeln an. Das war unser Leben."

„Es war eher Überleben", ergänzt sein Sohn Tarik, der auch eine Djellaba trägt. Tarik hat seine Ausbildung abgebrochen. Jetzt will er arbeiten. Geld verdienen, egal, wo. 1962 wurden im Dorf der Essalhis Straßen gebaut. Herr Essalhi hatte es satt, Mandeln zu pflücken, er wollte fort. Heimlich, mitten in der Nacht, organisierte er mit einem Freund die Fahrt nach Casablanca. Sie waren beide erst fünfzehn.

Der Traum vom schönen Leben in der großen Stadt erfüllte sich nicht. In Casablanca hob Herr Essalhi in der heißen Sonne Gräben für die Kanalisation aus. Er verdiente umgerechnet fünfzig Eurocent am Tag. Die Nächte verbrachte er in einem Zelt neben der Abwasserleitung. Nach anderthalb Jahren Schuften zog es ihn zurück nachhause, doch er konnte sich in seinem Heimatdorf nicht mehr eingewöhnen. Nun wollte er nach Amerika oder nach Europa.

Mit dem Schiff fuhr er nach Marseille, vier Tage und vier Nächte war er seekrank. Herr Essalhi wollte nach Nordfrankreich, in die Kohlenbergwerke, wo es Arbeit gab. Ihn schaudert, wenn er an diese Zeit zurückdenkt. „Schrecklich, ich musste jeden Tag hinunter, sechshundert Meter unter die Erde. Ich war immer dreckig. Wir arbeiteten im Akkord. Also je härter ich gearbeitet habe, desto mehr hab ich verdient." Anderthalb Jahre später, als er die Schwerstarbeit nicht mehr aushielt, ging er in die Niederlande. Er bekam Arbeit in einer Fabrik. Verpackte jahrelang Sauerkraut und Rosenkohl.

Und nun ist er schon wieder seit einer Ewigkeit Koch in einem Seniorenheim. Herr Essalhi ist mit seiner Arbeit zufrieden. Er hat es weit gebracht, findet er. Ein guter Job, sechs gesunde Kinder. Was wolle man noch mehr?

Herr Essalhi erzählt gern. Seine Frau schweigt. Welche Erinnerungen hat sie aus ihrer Kindheit und Jugend? Sie antwortet auf Arabisch, ihr Sohn übersetzt. „Ich weiß noch, dass ich mich als kleines Mädchen mit meinem Mann herumgebalgt habe. Er war damals ein kleiner Junge." Frau Essalhi hat eine tiefe, schöne Stimme. Verlegen wendet sie den Blick ab, als fände sie ihre Anekdote bei näherer Betrachtung zu banal.

Als ich mich verabschiede, steht sie an der Tür, in der Hand ein Stück Küchenrolle. Das will sie mir geben. Ich schaue sie verdutzt an. „Damit können Sie Ihren Fahrradsattel trocken wischen", sagt ihr Sohn Adil. „Es hat geregnet."

Anfang September stehe ich mit Frau Essalhi, ihr Vorname ist Laila, auf dem Balkon. Es ist ein warmer Tag. Über das Trockengestell hinweg schauen wir in ihren Garten. Sie zeigt auf die Pflanzen. „Tomate, Zucchini, Minze." Sie sagt es leise, aber sie spricht. „Garten klein", sagt sie freundlich.

Sie dreht sich um und geht in die Küche. Ihr Mann ist inzwischen gekommen. Er sitzt in traditioneller Kleidung auf der Couch.

Frau Essalhi kommt mit eiskaltem Orangensaft und gesalzenen Nüssen zurück. Sie trägt ein tiefblaues langes Kleid mit einem dazu passenden Kopftuch. Sie stellt große Gläser hin. „Trinken", sagt sie, als sie randvoll eingeschenkt hat.

All die Einbürgerungspläne der Regierung machen Herrn Essalhi zu schaffen. „Früher reichte Gebärdensprache aus. Warum verlangen sie auf einmal so viel von uns?"

Dass junge Menschen Niederländisch lernen müssen, leuchtet ihm ja ein. Aber warum plötzlich auch die älteren? „Eine Frau von sechzig hat doch keine Zukunft mehr."

Herr Essalhi besitzt immer noch die marokkanische Nationalität. Vor einigen Jahren hat er einen niederländischen Pass beantragt, aber der ganze Verwaltungs- und Formalitätenkram hat ihn dann doch abgeschreckt. Jetzt lässt er es halt, wie es ist.

Der Glaube war für Herrn Essalhi von Jugend an eine große Stütze. Auch als er Gräben für die Kanalisation in Casablanca aushob oder mit fünfunddreißig Mann in einer Pension in Alkmaar lebte. „Der Glaube hat mich nie im Stich gelassen." Der Islam gibt ihm Kraft. „Wir sind nicht umsonst auf dieser Erde, unser Dasein verdanken wir Gott. Das muss uns in jedem Moment des Tages bewusst sein. Solange wir uns an Allahs Regeln halten, können wir glücklich sein. Das sage ich meinen Söhnen jeden Tag."

Seine Kinder bekommen alles, was sie haben möchten. Und Herr Essalhi ist froh, dass er es ihnen geben kann. Was hat er früher gehabt? Nichts. Überhaupt nichts.

Durch den Wohlstand seien viele Kinder allerdings schrecklich verwöhnt. Sie wüssten nicht, was es heißt, die Ärmel hochzukrempeln. Die Regierung solle es sich deshalb gut überlegen, bevor sie der Einreise junger Ehepartner einen Riegel vorschiebe, warnt Herr Essalhi. Die Ehepartner aus Marokko seien viel arbeitsamer als die marokkanischen Jungs, die hier aufgewachsen sind. „Wir brauchen die neuen Migranten dringend. Die Jungs hier sind doch faul."

Herr Essalhi sieht Probleme voraus. Marokkanische Mädchen, die hier geboren sind, wollen keinen Mann, der raucht oder trinkt. Sie wollen einen anständigen Ehemann. Einen Mann, der, wie es sich gehört, fünfmal am Tag betet. Und so ein Mann lebt in Marokko.

Wenn sie ihren Ehemann nun nicht aus Marokko holen dürften, würden die Mädchen mit der Ehe zu lange warten. Herr Essalhi hebt die Hände gen Himmel. „Das wäre für uns Gläubige eine Katastrophe! Die Gelehrten sagen, dass es sehr schwierig ist, mit über dreißig noch einen Ehepartner zu finden."

Er sieht ein weiteres Problem voraus. Was passiert mit diesen Jungs, wenn keine Frau sie haben will? Sein pessimistisches Szenario: „Wenn wir so weitermachen, heiratet bald kein Marokkaner mehr. Dann bleibt jeder allein."

Seine beiden Töchter sind unter der Haube. Sowohl Latifa als auch Samira heirateten einen Verwandten mütterlicherseits. Frau Essalhi zeigt stolz Fotos von Samiras Hochzeit. Ihre Tochter in schönen marokkanischen Gewändern, die Hände kunstvoll mit Henna bemalt. Samiras Mann ist ein Cousin ihrer Mutter. Sie hat ihren Mann Sadik erst nachkommen lassen, als sie eine Wohnung hatte. Das ist nun ein Jahr her. In Kürze kann er, nachdem er elf Monate auf der Warteliste stand, mit seinem Integrationskurs beginnen. Sadik hatte es in den ersten Monaten in den Niederlanden schwer, er wurde depressiv. Während seine Frau zur Arbeit ging, saß er den ganzen Tag zuhause. Das setzte ihm sehr zu. Wenn Samira abends mit Geschichten nach Hause kam, hörte er ihr resigniert zu. Was hatte er zu erzählen? Was hatte er erlebt?

Sadik arbeitet seit kurzem als Reinigungskraft. Die tägliche Routine gibt seinem Leben Struktur. Seine Frau ist in einem kleinen Büro in Amsterdam-West beschäftigt. Als einzige Marokkanerin, woran sie sich erst einmal gewöhnen musste. Vorher hatte sie nie mit Niederländern zu tun.

Am Nachmittag schaut Sadik, ein dunkelhäutiger Mann mit schönen, regelmäßigen Gesichtszügen, bei seinen Schwiegereltern vorbei. Im Flur unterhält er sich mit Najid und Adil. Auf Arabisch. Frau Essalhi hat Huhn auf marokkanische Art gekocht, wir sitzen alle zusammen am Tisch und essen mit den Händen. Sadik spricht etwas Französisch. Wir unterhalten uns über das Wetter.

Nach dem Essen muss Herr Essalhi los, um das Abendessen für die Senioren zuzubereiten. Sein Schwiegersohn steht auch auf. Er muss nach Amsterdam-Zuid, Büros reinigen. Energisch wirft er sich seinen kleinen Rucksack über die Schulter.

Alles vergessen

LAILA ESSALHI VERMISST IHRE TÖCHTER. Die Geselligkeit. Das miteinander reden und zusammen einkaufen
gehen. Sie hat das Zimmer ihrer jüngsten Tochter nun als
Frauenraum eingerichtet. An drei Wänden stehen Sofas
mit großen Kissen, für die sie die Bezüge selbst genäht
hat. Frau Essalhis einziger Wunsch wäre ein eigener Fernseher.

Ende August begleite ich Laila Essalhi zum Sprachkurs.
Als wir gerade gehen wollen, rennt Mustafa, der älteste
Sohn, an uns vorbei ins Haus. Er trägt eine enge Hose
und Lederjacke. „Salam aleikum", grüßt er seine Mutter.
Er küsst seine Finger und legt sie nach islamischer Sitte
ans Herz.

Tarik, sein jüngerer Bruder, steht auf der Treppe. In
grauer Jogginghose und einem hellblauen T-Shirt. Zehn
Minuten später stürmt Tarik in den Unterrichtsraum, nun
in einem langen braunen Gewand. Sein Blick ist gesenkt.
Er bleibt höchstens dreißig Sekunden; nachdem Frau Essalhi seine Frage beantwortet hat, verschwindet er wieder.
Männer sind im Sprachkurs unerwünscht.

Die Lehrerin heißt Nassira; sie macht diese Arbeit
ehrenamtlich. Ihr Niederländisch ist nicht perfekt. Vor einiger Zeit ging Nassira mit ihrer Familie nach Marokko
zurück. Für immer, dachte sie. Doch sie konnte sich dort
nicht mehr einleben, und ein Jahr später war sie wieder in
Amsterdam.

Normalerweise kommen mindestens zwölf Frauen aus dem Viertel in den Sprachkurs, aber heute sind es nur fünf. Nassira glaubt, dass es am schönen Wetter liegt oder daran, dass heute im Viertel Markt ist.

„Alles vergessen?", ruft Nassira mit schriller Stimme, als ihre Schülerinnen auf Arabisch und Berberisch losplappern. „Wir sind doch hier, um Niederländisch zu reden."

„Erzählen Sie uns, wie Sie heißen und wie viele Kinder Sie haben." Die Frauen schauen sie verständnislos an.

Sie macht es vor: „Ich heiße Nassira, und ich habe vier Kinder."

„Und nun Sie", fordert sie ihre Sitznachbarin auf. „Erzählen Sie uns, wie alt Ihre Kinder sind."

„Wir Marokkanerinnen müssen nicht immer zuhause hocken und putzen", sagt Nassira munter. „Wir können einen Sprachkurs besuchen und miteinander plaudern."

Die Frauen reagieren nicht.

„Sie müssen sich besser konzentrieren", tadelt Nassira während der ganzen Stunde. „Versuchen Sie es! Sie müssen sich die Wörter merken! Heißt es *das* Fernseher" oder *der* Fernseher? *Der* Bischof oder *das* Bischof?"

Die Frauen seufzen. „Ist schwer", sagt eine. Sie fasst sich an den Kopf.

Nach einer halben Stunde kommt eine niederländische Ehrenamtliche mit Anmeldeformularen für den „richtigen" Sprachkurs herein.

Die Broschüre wirbt für kostenlosen Niederländischunterricht.

Die Frauen sind nicht interessiert. Dreimal in der Woche ist einfach zu viel. Ein bisschen Unterricht und ein bisschen Geselligkeit, das wäre akzeptabel.

Mit großer Verspätung kommt noch eine Nachzügle-rin. Eine auffallende Erscheinung, viel jünger als die anderen, ganz in schwarz. Sie trägt ein langes Kleid und einen langen Mantel, hat einen schwarzen Schal straff um den Kopf geschlungen und trägt darüber noch einen Hijab, ein weites, langes Tuch, das auch den Hals bedeckt.

Sie heißt Khadija. Vor sechs Jahren, damals war sie sechsundzwanzig, kam sie in die Niederlande. Sie konnte weder lesen noch schreiben, denn sie hatte in Marokko nie eine Schule besucht. Jetzt legt Khadija einen fast fanatischen Lerneifer an den Tag. An Geselligkeit und Schwatzen hat sie kein Interesse. Konzentriert schaut sie ins Arbeitsbuch. Nassiras neuer Auftrag, zu erzählen, wie man heißt und wo man wohnt, geht ihr fehlerfrei über die Lippen.

Ihre vier Kinder gehen in die islamische Grundschule El Amien. Der Schulbus holt sie jeden Morgen ab und bringt sie nachmittags wieder nach Hause.

Karima, eine Kursteilnehmerin, hat eines ihrer Tücher abgenommen. Jetzt trägt sie nur noch ein straff gebundenes Unterkopftuch. Sie müht sich ab mit dem Satz: Ich-darf-hier-nicht-mit-dem-Moped-fahren.

Laila übt: Hier-darf-ich-nicht-rechts-abbiegen.

In der Pause gibt es Tee und Kuchen. Theo vom Seniorenclub lädt dazu ein. Er hat Geburtstag. Dieses erfreuliche Ereignis feiert er im Nebenraum mit einer gemischten Seniorengruppe.

Drei Frauen, darunter Khadija, möchten weder Kuchen noch Tee. Als Vorbereitung auf den Ramadan, der erst in fünf Wochen beginnt, fasten sie bereits jetzt montags und donnerstags.

Der Unterricht plätschert so dahin, ohne System oder

Konzept. Das Arbeitsbuch wird kreuz und quer durchgenommen. Abwechselnd werden einzelne Wörter laut gelesen, Sätze vorgetragen, Einzahl, Mehrzahl eingeübt.

Einige der Frauen hier gehen nicht nur zum Niederländischunterricht, sondern auch zweimal wöchentlich in die Moschee. Arabisch zu lernen liegt offenbar im Trend, ist für immer mehr Frauen ein Bedürfnis. Arbeiten gehen sie alle nicht, die Fürsorge für ihre Kinder und ihren Mann nimmt sie völlig in Anspruch. Als die Frauen während des Unterrichts von der Schule ihrer Kinder erzählen, kommt eine von ihnen nicht auf den Namen der Schule, in die ihr Sohn geht. „Das Mondrian-Gymnasium", versucht ihr eine zu helfen. „Caland", sagt eine andere. Sie schüttelt den Kopf. „Wirklich", sagt sie lachend, als wieder eine Schule genannt wird, „ich weiß nicht, in welche Schule er geht!"

Mabrouk (Glückwunsch), sagen alle eine Woche später. Es ist Anfang Oktober. Eine der Kursteilnehmerinnen hat ein Enkelkind bekommen. Die frisch gebackene Großmutter, ihre jüngsten Kinder sind noch in der Grundschule, freut sich.
Heute wird das Kapitel „Der Strumpf" geübt.

Der Strumpf
Ich ziehe den Strumpf an
Wo ist der andere Strumpf
Ich sehe nur einen Strumpf.

Die Frauen arbeiten in Zweiergruppen. Sie sollen sich den Text gegenseitig vorlesen. Die meisten buchstabieren, ganz langsam und zögernd. „Schauen Sie gut hin, konzentrie-

ren Sie sich!", ruft Nassira. Khadija lernt, die digitale Uhr-
zeit zu lesen. Sie weiß, was da steht, kann aber 23.05 Uhr
nicht umsetzen in fünf nach elf. Angestrengt übt sie
weiter. Eine der Frauen wird auf dem Handy angerufen.
Sie telefoniert endlos lang. Niemand scheint sich daran zu
stören.

Nadia spricht kein Wort Niederländisch. Sie lebt schon
seit sechsundzwanzig Jahren hier. Nassira hat ihr einige
DIN A4-Blätter auf den Tisch gelegt. Einfache Wörter
wie „Haar, Tasche, Ohr" stehen in großen, fettgedruckten
Lettern darauf. Die Blätter liegen durcheinander auf dem
Tisch. „Jetzt schauen Sie doch einmal", ruft Nassira. „Was
steht da?" Die Frau macht einen fast panischen Eindruck.
Sie erkennt die Buchstaben nicht. Auch nicht im Groß-
druck. „Einfach versuchen", ruft Nassira. Nadia nickt bedrückt.

Ich finde schade

ZU JEDEM UNTERRICHTSTERMIN kommen neue Teilnehmerinnen. Alle sind verschleiert, sie sprechen kaum Niederländisch. „Konzentrieren, konzentrieren", ruft Nassira fünfmal in einer Stunde. Und genau das fällt den Frauen schwer. Sie werden von der kleinsten Kleinigkeit abgelenkt.

Yasmeen ist schon länger als dreißig Jahre hier. Eine lebhafte Frau, die etwas Niederländisch sprechen und lesen, aber nicht schreiben kann. Heute übt sie das „S" an der Tafel hinter Nassira. Yasmeens „S" gerät schief, fällt nach rechts. Sie versucht immer wieder, es aufrechter hinzubekommen. Als es ihr beim fünfzehnten Mal gelingt, stößt sie einen Freudenschrei aus. Sie lacht, hält den Daumen hoch. Nach dem Unterricht schaut Yasmeen zufrieden auf die Tafel voller stolzer S.

Laila Essalhi begleitet nach dem Unterricht eine Freundin, die ihren jüngsten Sohn von der Schule abholen muss. Es sind ein paar Minuten zu Fuß, die Sonne scheint. Laila und ihre Freundin unterhalten sich auf Arabisch. Unterwegs treffen sie eine Frau, die sonst auch immer zum Sprachkurs kommt. Heute war sie nicht da. „Ich musste in die Moschee", sagt sie. „Arabischkurs."

Als wir vor der Schule warten, fragt mich Laila, ob ich ein Auto besitze.

Sie ist beeindruckt: „Ein Auto und ein Fahrrad!"

„Ich kaufe ein, ich koche, ich sehe fern und ich schlafe", sagt sie seufzend. Der übliche Alltagstrott eben. Sie beklagt sich nicht, stellt es nur fest. Ihr Leben verläuft ruhig, weil die Kinder nun fast alle mehr oder weniger selbstständig sind.

Die jüngsten Söhne gehen in die dritte Klasse der Realschule. Najid hat sich nach der 2K für die technische Fachrichtung entschieden. In der ersten Zeit nach den Ferien hat er erneut andere Schüler schikaniert. „Wieder gut", sagt Laila. Er mache es jetzt nicht mehr.

Wir lehnen am Schulzaun.

„Ich finde schade", sagt sie leise.

Was findet sie schade?

„Ich finde schade", sagt sie wieder und schaut mich bekümmert an.

Sie möchte gern arbeiten gehen, sagt sie. Putzen, einen Vormittag in der Woche. Ihr Mann würde es ihr zwar erlauben, aber er sage auch, dass es nicht nötig sei. Aber sie möchte so gern. Ihre Mutter in Marokko sei alt und hin und wieder krank. Mit ihrem Hinzuverdienst könnte sie der Mutter das Leben leichter machen. Laila kennt eine Indonesierin in der Nachbarschaft. Vielleicht könnte die ihre Hilfe brauchen?

Die Frauen werden immer wieder aufgehalten. Von Bekannten oder entfernten Verwandten. Zwei junge Mütter zeigen ihre Babys. Neuigkeiten werden ausgetauscht. Vor den Marktständen verharren sie lange. Sie betrachten alles ausgiebig, kaufen nichts. Die Händler schauen unfreundlich.

Auf dem Markt sieht man auffallend viele junge, nicht Niederländisch sprechende Frauen in langen Gewändern mit quengelnden Kleinkindern an der Hand. Vor dem Stand mit islamischer Ware bleiben die Frauen etwas länger stehen. Der Inhaber ist kein leutseliger Markthändler, sondern ein frommer Muslim mit Bart und einem gehäkelten weißen Käppchen. Er schaut niemanden an, sitzt in sich versunken hinter dem Holztisch und wartet, bis jemand das umstrittene Buch *De Weg van de Moslim* (Der Weg des Moslem) kauft, worin steht, dass man Homosexuelle vom höchsten Wolkenkratzer hinunterwerfen darf. Nachdem die Damen alle Marktbuden inspiziert haben, schlagen sie zu. Sie kaufen sich beide einen Schal, einen grünen und einen violetten, um den Kopf zu bedecken.

Ein paar Wochen später bekommen die Frauen einen neuen Raum für ihren Sprachkurs. Zur feierlichen Eröffnung, auf die sich gefreut haben, bringen alle selbstgemachte Leckerbissen mit. Laila Essalhi steuert pikante Pfannkuchen bei, andere Frauen Torten, Kuchen und Kekse. Der Tisch ist reich gedeckt.

Bescheidenheit ist nicht angesagt. Die zahlreichen Schüsseln und Schalen werden herumgereicht. Der Teller muss voll sein, und was nicht aufgegessen wird, wird in einer Plastiktüte oder in einer Serviette mit nach Hause genommen.

Heute ist Elza da. Eine junge, engagierte Frau, die bei einer kirchlichen Sozialeinrichtung arbeitet und einmal in der Woche hier unterrichtet. Laila Essalhi findet, dass Elza ihre Sache gut macht. Vor Unterrichtsbeginn rät Elza den Frauen dringend dazu, zu den Bürgeranhörungen im Zusammenhang mit dem Abriss ihres Viertels zu gehen. In absehbarer Zeit werden die meisten Familien ihre Wohnungen verlassen müssen. Neue Wohnhäuser sollen gebaut werden, aber es ist noch nicht klar, welche Familien zurückkommen dürfen. Die Frauen nicken höflich.

Es hat den Anschein, als würden sie ihre unsichere Zukunft verdrängen. „Haus gut", sagen sie. „Abriss schlecht."

Khadija hat einen Test für den „richtigen" Sprachkurs gemacht, den, der dreimal in der Woche für jeweils drei Stunden stattfindet. Elza ermutigt die andren Frauen, es auch zu versuchen. Keine Reaktion.

Der Unterricht ist heute strukturierter. Elza hat laminierte Fotos dabei. In Zweiergruppen sollen sich die Frauen ein Foto anschauen und dann abwechselnd beschreiben, was darauf zu sehen ist. Ein Foto zeigt einen Müllcontainer, ein anderes einen Altglasbehälter. Auf einem dritten ist eine Gehwegplatte mit dem Text: „Hier Müllsäcke abstellen". Das Foto, das Karima in der Hand hält, zeigt eine Telefonzelle. „Was kann man darin machen?", fragt Elza. Die Frauen antworten im Chor: „Nach Marokko telefonieren!"

Elza kennt das Viertel gut. Sie versucht, möglichst viele Frauen aus dem Haus zu locken. Und wenn es ihnen ihr Mann verbietet, kommt sie zum Unterricht auch zu ihnen nach Hause, immer in der Hoffnung, dass die Frauen schließlich doch zu einem öffentlichen Sprachkurs nur für Frauen gehen dürfen. Manchmal hat sie Erfolg, jedoch nicht immer. Sie nennt als Beispiel eine Frau mit zwei kleinen Kindern, die schon seit Monaten zum Sprachkurs gehen möchte. Ihr Mann erlaubt es ihr einfach nicht. Elza hat die Familie schon zweimal besucht, um mit ihm zu reden. „Mann krank", sagte die Frau. Ihr Mann war zwar zuhause, blieb aber im Schlafzimmer. Er hatte keine Lust, Elza Rede und Antwort zu stehen.

Darf nicht beleidigen

EINIGE TAGE NACH DER ERMORDUNG THEO VAN GOGHS ist die Stimmung in Amsterdam immer noch sehr angespannt. Die Frauen, die zum Sprachkurs gekommen sind, fasten. Es ist Ramadan. Sie tun, als sei nichts geschehen, und man hat den Eindruck, als würde sie das alles gar nicht interessieren.

Laila Essalhi hat ihr Lehrbuch bei „Milch – Morgen – Meer" aufgeschlagen.

Elza fragt vorsichtig, was die Frauen von den Ereignissen der letzten Woche mitbekommen hätten. Kannte jemand Mohammed Bouyeri? Er wohnte ja in ihrem Viertel. Reagieren die Niederländer jetzt anders auf sie? Was sagen sie zu dem Mord?

Schrecklich, sagen sie. Und schalten dann sofort auf Abwehr. „Er war ein Einzelgänger, der Mörder", sagt eine Frau. „Ein Verrückter", sagt eine andere. „Es hat nichts mit dem Islam zu tun."

Dass Mohammed Bouyeri selbst ganz anders darüber dachte, was der Brief zeigt, den er bei seinem Opfer hinterlassen hat, beeindruckt die Frauen nicht. „Er muss seine Strafe kriegen", sagen sie. „Wir wollen nicht wegen ihm schief angeguckt werden."

Alle sind der Meinung, dass Theo van Gogh eigentlich das Opfer von Ayaan Hirsi Ali geworden sei. Sie sei der Teufel, ist die Überzeugung der Frauen.

Sie verkörpere das Böse. Sie haben kein gutes Wort für sie übrig. Sie wissen nicht viel über sie. Nur, dass sie aus

Somalia stammt. Dass sie schlecht über Allah spreche. Und das ist genug. Die Frauen finden es unverzeihlich, dass sie es wage, den Namen Allahs so zu missbrauchen. Elzas Einwand, Ayaan Hirsi Ali würde sich doch gerade für die Rechte muslimischer Frauen einsetzen, betrachten die Frauen als Beleidigung. Ayaan Hirsi Ali kam als Flüchtling über Deutschland in die Niederlande. Sie sprach sich unumwunden gegen die Unterdrückung von Frauen in muslimischen Familien aus. Zum ersten Mal wurde offen über die Beschneidung von Frauen gesprochen. Sie wurde Zweite-Kammer-Mitglied für die liberale Partei VVD und hielt kontroverse Reden. So bezeichnete sie den Propheten Mohammed als Pädophilen; der Islam ist ihrer Meinung nach eine rückständige Religion. Seitdem wird sie rund um die Uhr bewacht. Radikale Muslime drohten damit, sie zu ermorden. Mit Theo van Gogh drehte sie den Film *Submission*, in dem Korantexte auf dem Körper einer nackten Frau zu sehen sind. Hirsi Ali, der die Kugeln eigentlich galten, flog mit einem Militärflugzeug nach Amerika.

„Der Film da mit Korantexten auf einer Frau. Das geht einfach nicht", sagt eine Frau empört. Sie spricht ziemlich gut Niederländisch. Keine der Frauen hat den Kurzfilm *Submission* gesehen. Doch der bloße Gedanke an Koransuren auf dem nackten Körper einer Frau macht die Kursteilnehmerinnen wütend.

„Man darf nicht alles sagen, was man denkt oder meint", findet Rachida. „Darf nicht beleidigen", erklärt eine andere resolut. Alle nicken zustimmend.

„Habt ihr Angst?", fragt Elza. Die Hilfslehrerin Nassira übersetzt. „Fühlt ihr euch überhaupt noch sicher auf der Straße?"

„Ich habe keine Angst", sagt eine der Frauen. „Der einzige, den ich fürchten muss, ist Allah."

Sie berichtet, dass sie kürzlich auf der Straße beschimpft worden sei. „Ein Mann in einem Auto hat „Scheiß Marokkaner" gerufen. Er sagte, verpiss dich dahin, wo du herkommst. Ich hab richtig gezittert", erzählt sie auf Arabisch. „Aber ich habe nicht darauf reagiert."

Die Frauen hoffen, dass ihre Kinder nicht in Schwierigkeiten geraten. Letzte Woche seien ein paar Jungs mit „Scheiß Marokkaner" beschimpft worden. Wenn es nur nicht zu Streit kommt. „Kein Messer", sagt eine Frau ängstlich. „Nicht kämpfen", fleht eine andere.

Kurz nach dem Mord hatte sich der sozialdemokratische Stadtrat Aboutaleb an die marokkanischen Mütter gewendet und sie aufgefordert, ihre Kinder besser im Auge zu behalten. Sie sollten aufpassen, dass sie sich nicht in eine radikale Richtung entwickelten. Was meinen die Mütter dazu? Könnte das funktionieren? Sie machen eine abwehrende Handbewegung. Bei ihnen im Viertel würden keine Jungen radikal. Aber Mohammed Bouyeri habe doch ganz in der Nähe gewohnt? Sei er denn der einzige Anhänger des radikalen Islam gewesen? Falle ihnen nicht auf, dass die Gruppe junger, strenggläubiger Muslime zunehmend größer werde? Die Frauen bleiben dabei: Ihre eigenen Kinder nicht und auch nicht die Freunde ihrer Kinder und deren Freunde. Nein, sie kennen wirklich keinen radikalen Muslim.

Sie fragen sich, wie sich Herr Aboutaleb das überhaupt vorstelle, diese Kontrolle ihrer Kinder. Sobald sie sechzehn seien, höre der Einfluss der Eltern auf. Glaube er denn im Ernst, dass Söhne dann noch ihren Müttern erzählen würden, was sie anstellen?

Hat der Imam in der Moschee über den Mord gesprochen?

Die Frauen machen ein erstauntes Gesicht. Nein, das mache der Imam nicht. Was sollte er denn dazu sagen? „Beten und wieder weg", so beschreibt eine Frau ihren Besuch im Gebetshaus.

Wie soll es nun weitergehen zwischen Niederländern und Muslimen? Sehen sie eine Lösung?

Da gebe es wirklich keine Probleme, finden die Frauen. Jedenfalls nicht bei ihnen. Und auch nicht bei ihren Kindern. Was haben sie mit dem Mord an Theo van Gogh zu tun? Sie wollen vor allem in Ruhe gelassen werden. Das ganze Theater über Kontakt und gegenseitiges Verständnis. In ihrem Viertel wohnen kaum Niederländer. „Meine Nachbarin grüßt mich nie", sagt eine Frau. „In meinem Block wohnen nur Türken", erzählt ihre Sitznachbarin. „Die machen nie den Mund auf."

Eine Woche später ist alles wieder beim Alten. Im Unterricht spricht niemand mehr über Theo van Gogh oder muslimischen Extremismus. Der Appell an die Mütter, besonders gut auf ihre Söhne aufzupassen, ist inzwischen wieder verstummt. Die Frauen atmen erleichtert auf.

Heute wird das Zuckerfest gefeiert. Auf dem langen Tisch stehen wieder viele selbstgemachte Leckereien. Nassira hat marokkanische Gläser und eine goldfarbene Teekanne mitgebracht. Einige Frauen haben sich besonders hübsch gemacht. Eine trägt ein hellgrünes Kleid mit dazu passendem Kopftuch, eine andere einen zarten, schwarzgoldenen Schleier überm Kopftuch.

Lebhafte Unterhaltungen auf Arabisch. Eine Frau, die nur Berberisch spricht, steht etwas abseits. Sie hat Zahnschmerzen. Ab und zu fasst sie sich an die Wange. Sie kommt gerade vom Zahnarzt, die Wirkung der Betäubung hat nachgelassen. Obwohl sie große Mühe hat, die einfachsten niederländischen Wörter zu lernen, kommt sie treu zum Unterricht, versucht es jedes Mal aufs Neue. Zwei der Frauen sind so gläubig, dass sie nicht nur Tage vor dem Ramadan schon fasten, sondern auch noch eine Woche danach. Ihr Teller ist voll, erst nach Sonnenuntergang dürfen sie essen.

Heute möchten einige Frauen in der Unterrichtspause plötzlich beten. Das geschieht sonst nie. Hängt das mit dem Mord an Theo van Gogh zusammen? Suchen sie eine tiefere religiöse Erfahrung? Einige gehen dafür ins Nebenzimmer, eine Frau geht zum Beten kurz nachhause. Andere ziehen im Unterrichtsraum die Schuhe aus und knien sich ganz selbstverständlich neben die Tische, berühren dann mit der Stirn den Boden.

Auf Elzas Bitte hin berichten alle Frauen, wie viele Geschwister sie haben. Auf Niederländisch natürlich. „Ich drei Schwestern", sagt Naima. Sie streckt die Finger hoch. „Und vier Brüder."

Alle Frauen kommen aus großen Familien mit durchschnittlich acht Kindern. Karima erzählt in gebrochenen Niederländisch, dass ihre Mutter ein paar Kinder verloren habe. „Bei mir ähnlich", sagt sie. „Vier von meinen Kindern auch gestorben." Plötzlich sind alle still. Drei seien jung gestorben. „Zwei Monate, ein Jahr, aber eins war fünf, als es starb. Und ich hatte vier Fehlgeburten." Karima hat inzwischen ins Arabische gewechselt. Nassira übersetzt. Und die Ursache? Die habe man nie gefunden.

Der Schmerz des Verlusts spiegelt sich in Karimas Augen wider.

„Das muss ja furchtbar für Sie gewesen sein", sagt Elza, die ihr gegenüber sitzt.

Die Frau nickt.

Nassira bricht das Schweigen mit einem etwas zu lauten: „So, und jetzt geht's weiter. Sonst fangen wir alle noch zu weinen an." Sie klatscht in die Hände und ruft: „Die nächste! Wie viele Geschwister haben Sie ..."

Aggression

SLOTERVAART, 6. NOVEMBER. Vor dem *Calvijn met Junior College* steht ein weißes Elektromobil, ein Behindertenfahrzeug. Eine Surinamerin mit einer leuchtend gelben Rosette im aufgesteckten Haar lehnt schluchzend überm Lenker. „Ich halt es nicht mehr aus", sagt sie wütend und traurig zugleich. Sie hält ein Mobiltelefon in der Hand. „Ich hab gerade die Polizei angerufen. Die kann mir auch nicht helfen. Es ist furchtbar!"

Was ist passiert?

Eine Gruppe von etwa zwanzig marokkanischen Jungs terrorisiere sie jeden Tag, wenn sie mit ihrem Elektromobil in Richtung Stadt fahren möchte. Sie halten sie an und beschimpfen sie. Und heute seien sie noch einen Schritt weitergegangen. „Die älteren Jungs haben die jüngeren aufgefordert, sich auf meine Motorhaube zu legen. Und das haben sie gleich getan. Aber das ist doch gefährlich! Ich hätte sie umfahren können. Ich hab sie gebeten, damit aufzuhören. Ich sagte, dass sonst ein Unfall passieren kann. Aber sie haben nicht auf mich gehört, sie haben sich gegen meinen Wagen gestemmt und darauf eingetreten." Und dann, sie schluchzt noch lauter, „dann haben sie mich eine Negerschlampe genannt und mir noch schlimmere Wörter an den Kopf geworfen. Ich hab gerufen, dass ich nicht zum Spaß in so einem Autochen sitze, aber auch das hat nichts genützt. Furchtbar. Furchtbar, wie schlimm die jungen Männer heutzutage sind. Früher hab ich mit

solchen Jugendlichen in einem Nachbarschaftshaus gearbeitet, aber heute … Was ist da nur los?"

Der Wachmann vom *Calvijn* hört ihr geduldig zu. Er
lädt Felicia, so heißt sie, zu einer Tasse Kaffee ein. In der
Schule könne sie zur Ruhe kommen. Sie möchte nicht, sie
hat einen Termin beim Friseur. Sie habe auch keine Angst,
sagt sie. Sie sei vor allem entsetzt. Über diese Demütigung.
Die Jungs seien so brutal, so grob. Die Mädchen hätten
zugeschaut, sie hätten nur gelacht.

Dann wird sie wütend. Felicia möchte nicht Opfer
sein. Sie ballt die Hände zu Fäusten. „Wenn ich die Jungs
erwische …" Sie erwähnt noch, dass ihr Sohn Kickboxer
sei.

„Eigentlich darf ich so was nicht sagen", meint der
Wachmann. „Aber nehmen Sie Ihren Sohn doch einfach
mal mit."

Felicia hat eine bessere Idee. Sie glaubt, dass ihr Sohn
mühelos eine Waffe besorgen könne. „Dann erschieß ich
sie alle!"

Der Wachmann sagt, dass es schwierig für ihn sei, die
Übeltäter ausfindig zu machen, da es im Umkreis von wenigen hundert Metern mehrere Schulen gebe. Er schreibt
auf einen Zettel, wann genau die Pausen sind. Sein Rat:
„Zu diesen Zeiten fahren Sie besser eine andere Strecke."

Schwieriges Alter

ALI, DER SCHWIERIGSTE JUNGE IN DER 2 K, rutscht im Laufe des Schuljahrs auf ein völlig unakzeptables Niveau ab. Er bedroht seine Mitschülerinnen, beschimpft die Lehrer, lässt sich von niemandem etwas sagen. Dass er eine Weile im Jugendarrest war, erhöht seinen Status in der Klasse enorm. Die Jungen haben Respekt vor ihm, die Mädchen einfach nur Angst.

Er wohnt mit seinen Eltern und seinem älteren Bruder in einer der tristesten Straßen von Amsterdam-West. Die Wohnung aber gleicht einem kleinen Palast. Ein Raum mit blauen und gelben Draperien neben den an der Wand stehenden Sofas wird nur zu besonderen Anlässen benutzt. Das an die Diele grenzende Wohnzimmer ist für den Alltag. Frau Boukour empfängt mich anscheinend nur ungern. Sie macht ein mürrisches Gesicht. Ihr Mann ist noch nicht da.

Als Vater Boukour hereinkommt, ein großer, stämmiger Mann mit einer Wollmütze auf, schaut er mich misstrauisch an. „Wir haben eine schwere Zeit mit Ali gehabt", sagt er. „Aber jetzt ist alles wieder in Ordnung." Ist das sein Ernst? Ist ihm nicht bewusst, wie schlecht es um Ali in der Schule steht? Dann sagt er, dass er auch nicht wisse, was draußen auf der Straße passiere. Was sein Sohn da so treibe. Er sage ihm jeden Tag, dass er aufpassen, vorsichtig sein müsse bei allem, was er sage und tue. „Bleib auf Distanz, sag ich ihm. Jedem gegenüber. Jede Bemerkung kann zu einem Konflikt führen."

Ali ist ein intelligenter Junge. Er ging erst in den Fach-oberschulzweig des *Calandlyceums*, einer integrierten Gesamtschule. Doch seine Noten reichten nicht aus, und er musste die Schule verlassen. Das war ein Schock für Ali und auch für seinen Vater. Warum durfte er nicht im *Caland* bleiben, fragt sich Herr Boukour immer noch. Sein Sohn hätte es ohne weiteres schaffen können. Statt ihn zu unterstützen, habe ihn die Schule weggeschickt. Da sei es doch verständlich, dass sein Sohn die Motivation verliere?

Und nun beschwert sich das *Calvijn* über das schlechte Benehmen seines Sohnes. Warum sind sie nicht gleich zu ihm gekommen? Sie hätten ihm bei der ersten unhöflichen Bemerkung Bescheid sagen sollen. Die Lehrer warten immer zu lang, wenn es Probleme mit Schülern gibt.

Herr Boukour möchte auch gern von sich erzählen. Von seinem langen Berufsleben. „Ich hab einiges erreicht. Als ich nach Holland kam, konnte ich nur „ja" sagen. In Marokko war ich eine Weile in der Koranschule, da habe ich ein bisschen Lesen und Schreiben gelernt. 1976 habe ich einen Sprachkurs im Nachbarschaftshaus gemacht. Aber so, wie ich jetzt rede, das habe ich mir selbst beigebracht.

Ich habe immer hart gearbeitet, war noch nie beim Sozialamt. Jahrelang hatte ich zwei, drei Jobs gleichzeitig. Ich brauchte das Geld, ich habe sechs Kinder. Ich habe in Gärtnereien und im Schlachthaus gearbeitet und wurde schließlich Schichtleiter bei der Stadtreinigung. Meine Religion konnte ich immer ausüben, denn da gibt es einen gesonderten Raum zum Beten. Jetzt, nach dreißig Jahren Arbeit, sei ich verbraucht, sagt der Arzt. Mein Rücken macht nicht mehr mit."

In letzter Zeit ist Herr Boukour noch frommer geworden, er findet Halt in seinem Glauben und geht immer häufiger in die Moschee. „Ich lebe in zwei Kulturen, und ich fühle mich wohl dabei. Draußen passe ich mich an, und in meiner Wohnung mache ich, was ich will." Er reist auch öfter nach Marokko in sein Haus, seine „Altersvorsorge".

Herr Boukour zeigt, dass er sich für einen bedeutenden Mann hält, er duldet keinen Widerspruch.

Seine traditionell gekleidete Frau mischt sich nicht in das Gespräch ein. Herr Boukour gibt ihr auch kaum Gelegenheit dazu. Er redet ohne Unterbrechung, nur das Thema „Ali, der Ärger in der Schule macht" meidet er lieber.

Ali sitzt neben seiner Mutter auf dem Sofa. Ja, es gefalle ihm in der Schule, nein, Probleme gebe es nicht. Wie er so neben seiner Mutter sitzt, sieht Ali aus, als könnte er kein Wässerchen trüben.

Sein älterer Bruder sagt lachend, dass sich mit Ali bestimmt alles wieder einrenken werde. Er habe auch mal so eine schwierige Zeit gehabt. Das Viertel sei unsicher, warnt Alis Bruder nebenbei. Hier werde ständig geklaut.

Ali schaltet den Fernseher an. Eine Live-Sendung über den Hadsch, die jährliche Pilgerfahrt nach Mekka ist zu sehen. Seine Großeltern mütterlicherseits sind in diesem Jahr auch dabei. Natürlich möchte er auch nach Mekka. Sei das nicht seine Pflicht als Muslim?

„Mir ist es sehr ernst", sagt sein Vater mehrmals, wenn er über die Erziehung seiner Kinder spricht. „Ich will alles richtig machen."

Darum habe er seinem ältesten Sohn die Verantwortung für den Kontakt mit der Schule übertragen. Der wisse besser, wie es im *Calvijn College* zugehe. Sein Sohn, erzählt Herr Boukour, telefoniere einmal in der Woche mit Alis Mentor Henk Jongkind. Dann besprächen sie, wie es mit dem Jungen in der Schule laufe, und Herr Boukour werde informiert.

Henk Jongkind seufzt tief, als ich ihm später über mein Gespräch mit Herrn Boukour berichte. Diese Absprache sei zwar getroffen worden, doch der älteste Sohn habe ihn noch nie angerufen.

Nach den Sommerferien darf ich noch einmal bei ihnen vorbeikommen. Herr Boukour ist zur verabredeten Zeit nicht da. Seine Frau lässt mich herein, sie ist viel freundlicher als beim ersten Mal. Sie setzt Teewasser auf. Sie zeigt mir, wie man den unteren Teil der Ledercouch auszieht. So kann sie abends beim Fernsehen die Beine hochlegen. Sie ist fünfundvierzig und wurde vor ein paar Jahren an beiden Beinen operiert. Sie hat lange Narben an der Wade. Da war was mit ihrem Blut, erzählt sie. Es war zu dick. Wir geben uns Mühe, einander zu verstehen. Ganz langsam sprechen und Gebärdensprache. Dann geht's schon.

Ihre vier älteren Kinder wohnen nicht mehr zu Hause. Nur die beiden Jüngsten machen Probleme. Alle Frauen in der Nachbarschaft klagen über ihre pubertierenden Söhne. „Schwieriges Alter." Als hätten sie miteinander vereinbart, sich in Schwierigkeiten zu bringen. Aber warum? Sie macht einen mutlosen Eindruck. Haben die jungen Männer denn nach der Pubertät die Chance, einen Job zu finden? „Ja", sagt sie sarkastisch, „alle Jungs hier sind zur Zeit Taxifahrer."

Sohn Ali ist zwar da, lässt sich aber nicht blicken. Wie ein Geist bewegt er sich durch die Wohnung. Als ich gehe, sitzt er auf dem kleinen Balkon unter der Satellitenschüssel. Als würde er sich verstecken.

Die Schulleitung weiß inzwischen nicht mehr, was sie mit Ali machen soll. In einer normalen Klasse ist er nicht tragbar, denn er vergiftet das Klima. Das Jugendamt wird eingeschaltet, und es werden schwierige Gespräche mit dem Vater geführt. Er will die Probleme nicht erkennen.

Eine Möglichkeit wäre eine Schule für Kinder mit Verhaltensauffälligkeiten. Herr Boukour teilt der Schule mit, dass er nichts davon halte. Sein Sohn solle ganz einfach in der Schule bleiben.

Bis zu der Entscheidung, was mit Ali geschehen soll, geht er in die „Strukturklasse".

Wut

TOM GROENEVELD unterrichtet Biologie, Geographie und Deutsch. Eigentlich unterrichtet er alle Fächer, das geht in der „Strukturklasse" nicht anders. Der Lehrer ist immer für die Schüler da, er steht ihnen mit Rat und Tat zur Seite und hilft, wo er nur kann. Außerdem: Strenge Regeln. Klarheit. Das funktioniert. Die Kinder werden dadurch entlastet. Mit Geduld und Humor versucht Tom Groeneveld herauszufinden, wie er ihnen helfen kann.

Für die Schüler ist es oft eine Erleichterung, wenn sie in der „Strukturklasse" eine Zeitlang Stress abbauen können. Es ist ruhig, jeder arbeitet für sich. Und Groeneveld ist für alle ihre Fragen offen. Hin und wieder hat er auch Kontakt mit den Eltern. „Ich weiß, wie wenig sie vom Schulalltag ihrer Kinder wissen. Alles, was sich außerhalb der Wohnung abspielt, ist für sie ein großes Mysterium." Und das wirkt sich auch auf die Kinder aus. „Wenn ich sage, Hausaufgaben notieren, nehmen sie brav ihren Kalender heraus und kritzeln etwas hinein. Doch wenn ich es später kontrolliere, haben sie entweder etwas ganz anderes aufgeschrieben, oder sie haben es unter dem falschen Datum eingetragen." Nach einer Woche in der „Strukturklasse" gehen die Schüler meist guten Mutes in ihre alte Klasse zurück. „Aber zu mir kommen auch so unverbesserliche Typen wie Ali. Jungs, die in ihrer Klasse untragbar sind und deshalb hier untergebracht werden."

Im alten Physikraum, der nun für die „Strukturklasse"
benutzt wird, sitzen zehn Schülerinnen und Schüler ruhig
bei der Arbeit. Ganz hinten hat sich Ali auf seinem Stuhl
hingefletzt. Etwas Bedrohliches geht von ihm aus. Er hat
die Bücher nicht aufgeschlagen, spielt mit seinem Radier-
gummi. Die anderen Schüler arbeiten an ihren Aufgaben
für Geographie, Mathematik und Englisch. Ein Junge liest
eine Tageszeitung, die kostenlos verteilt wird; er studiert
interessiert die Schlagzeilen über eine Enthauptung im
Irak.

Ali rutscht auf seinem Stuhl hin und her. Man sieht
ihm an, dass er über etwas brütet. Wenig später steht er
auf, geht ans Fenster und schaut hinaus. Dann überlegt er
es sich anders und verlässt das Lokal.

Als er wieder hereinkommt, geht er zum Bücherregal
hinter Herrn Groenevelds Tisch, nimmt nach einer Weile
ein Buch heraus und setzt sich wieder auf seinen Platz.
Immer noch mit demselben verdrossenen Gesicht.

Als ich mit dem Rücken zur Klasse neben dem Leh-
rerpult stehe, fliegt plötzlich etwas an meinem Kopf vorbei. Ein harter Gegenstand fällt auf den Boden. Es ist
ein dicker roter Filzstift.

„Er war es", sagt das Mädchen, das vor ihm sitzt, und
zeigt auf Ali, der mich mit einer Mischung aus Triumph
und Hass anschaut.

„So läuft das hier", sagt der Lehrer betreten.

Ali schweigt.

Die anderen Schüler warten, was passiert.

Groeneveld ermahnt sie, weiterzuarbeiten, und ich sehe zu, dass ich wegkomme.

Später an dem Tag stolpert der Lehrer über seine eigenen Worte. „Jede Minute schau ich dreimal zu Ali hin,

und wenn ich mich mal eine halbe Minute lang auf etwas anderes konzentriere, passiert so was." An Ali gleite alles ab, sagt er. Es gebe nichts, was ihn interessiere. „Selbst der Gedanke, dass er hier das ganze Jahr sitzen könnte, schreckt ihn nicht ab."

Seine Eltern wären froh, wenn Ali bis zum Ende des Schuljahres in der „Strukturklasse" bleiben könnte. Immer noch besser, als von der Schule verwiesen zu werden. Diese Schande wolle Herr Boukour sich und seiner Familie ersparen. Tom Groeneveld seufzt. „Und ich habe jedes Jahr 150 von der Sorte."

Geschichtsunterricht

ALLES, WAS MIT DEM THEMA JUDEN ZU TUN HAT, ist im *Calvijn met Junior College* ein heikles Thema. Das ist in anderen Schulen mit vielen islamischen Schülern genauso. In der Gedankenwelt dieser Schüler ist ein hier lebender Jude ebenso ein Aggressor wie ein Israeli, der in den besetzten Gebieten auf Palästinenser schießt. Aus Angst vor heftigen Reaktionen vermeiden es die Lehrer in manchen Realschulen, im Geschichtsunterricht die Judenverfolgung im Dritten Reich zu behandeln. Für das *Calvijn College* jedoch ist dieses Thema kein Tabu.

Der Niederländischlehrer und Mentor Jacob Eikelboom schrieb kurz nach dem 11. September 2001 einen Brief an die Tageszeitung *Het Parool*. Er berichtete, wie entsetzt er war über die begeisterten Reaktionen seiner Schüler nach dem Anschlag auf das *World Trade Center* in New York. Diese Anschläge seien eine Machenschaft der Juden, glaubten seine Schüler zu wissen, und es sei fantastisch, dass dem „Judenland" Amerika endlich eine Lektion erteilt worden sei. Eikelboom war der Ansicht, dass man derartige Reaktionen nicht nur als vorübergehendes pubertäres Gehabe abtun könne. Er meinte, es müsse mehr dahinterstecken. Was hören sie zu Hause, fragte er sich. Wie beurteilen ihre Eltern die Anschläge? Warum grenzen sich seine Schüler gegen alles ab, was westlich ist?

Eikelboom behandelt inzwischen in der achten Klasse das Buch *Kinderjahre* von Jona Oberski. In dieser wunderbaren autobiografischen Erzählung wird der Krieg aus der Sicht eines kleinen Jungen geschildert. Der Protagonist wird mit seinen Eltern nach Bergen-Belsen deportiert. Nur er überlebt.

Wenn die Schüler das Buch gelesen haben, müssen sie Fragen wie diese beantworten: Von welchem Krieg handelt das Buch deiner Meinung nach. Und: Was will der Autor mit diesem Buch erreichen? *Kinderjahre* macht Eindruck auf seine Schüler, sie lesen es oft in einem Zug. Sie können sich mit der Ich-Figur identifizieren.

Eikelboom ist einer der Lehrer im *Calvijn*, der für seine Schüler gern eine wichtigere Rolle spielen würde. Nur wie? Und wo soll man anfangen? Er spricht oft mit seiner Kollegin Carolien van Aken darüber, die in eigener Initiative die Hausbesuche bei den Eltern wieder aufgenommen hatte. Sie besuchte nach vorheriger Ankündigung alle Schüler aus ihrer Mentorklasse. Von den meisten Eltern wurde sie gastlich empfangen. Dabei konnte sie mit eigenen Augen sehen, in was für armseligen Verhältnissen manche der Kinder wohnen. Eine Mutter fütterte ihr Baby als Abendmahlzeit aus einem Glas Nutella. Die Lehrerin fröstelt, wenn sie daran denkt. Sie gibt Geschichtsunterricht, muss also auch den Zweiten Weltkrieg thematisieren.

11. November 2003. Einhundertsechzig mäßig bis völlig uninteressierte Jugendliche in der Pubertät müssen sich heute unter der Regie von Carolien van Aken mit dem Thema Hitler und die Judenverfolgung befassen. Sie hat die Erfahrung gemacht, dass die Schüler den Zweiten Weltkrieg vor allem spannend finden. Da wurde gekämpft, es gab viele Tote, die Niederlande wurden besetzt und wieder befreit. Heute behandelt sie siebenmal in sieben

verschiedenen Klassen das gleiche Thema. Auch die 2K kommt an die Reihe.

Ihr Klassenzimmer befindet sich im zweiten Stock. Auf der Treppe nach oben herrscht ein ohrenbetäubender Lärm, die Schüler schreien und grölen. Van Aken ermahnt die Kids zur Ruhe. „Abdullah, warum wirfst du das Papier einfach weg? Los, heb's auf!" „Lass Samir los", „Cemal, geh doch einfach mal leise die Treppe hoch." Die Schule wurde vor einigen Jahren neu gestrichen, doch das Gebäude bräuchte eine gründlichere Renovierung. Doch dafür fehlt das Geld.

Die Schüler arbeiten heute in Gruppen. Sie sollen Begriffe aus dem Arbeitsbuch zusammenfügen. In der letzten Stunde wurde das Thema Emanzipation behandelt. In dieser Stunde werden Judenhass und Konzentrationslager thematisiert. Der Zweck der Übung ist, dass die Schüler miteinander überlegen, bevor sie die Begriffe gruppieren. Es wird lebhaft geflüstert. Nach langer Beratung einigen sich vier Schüler darauf, den Hungerwinter 1944/45 dem Ersten Weltkrieg zuzuordnen.

„Warum ist es wichtig, dass wir immer noch über den Krieg sprechen?", fragt die zweiunddreißigjährige Lehrerin mit lebhafter Stimme.

„Diskriminierung", ruft ein Schüler.

„Wer wird diskriminiert?", fragt sie. „Die Chinesen? Die Lehrer? Drück dich bitte genauer aus."

Schweigen.

Van Aken wiederholt die Frage: „Warum ist der Zweite Weltkrieg noch immer wichtig?"

Schweigen.

„Weil viele Menschen umgebracht wurden", sagt ein Mädchen.

„Ich hab ständig Krieg zuhause", sagt ihre Nachbarin spöttisch. „Mit meinen Geschwistern."

Drei marokkanische Mädchen verstehen die Frage. „Man muss immer eine eigene Meinung haben", sagen sie. „Und nie hinter irgendeinem Führer herlaufen."

Ein Mitschüler wippt unruhig auf seinem Stuhl hin und her. Dann sagt er, was viele in der Klasse denken: „Der Krieg interessiert mich nicht. Ich will überhaupt nicht zur Schule gehen, ich will Geld verdienen."

Ein anderer Junge legt demonstrativ sein Handy auf den Tisch. „Du kannst jetzt nicht deine Freundin anrufen", sagt van Aken. Der Junge nestelt auffällig an seinem Handy herum, wenig später liegt das Gerät in zwei Hälften zerteilt vor ihm auf dem Tisch.

„Warum haben die Deutschen die Niederlande besetzt?", möchte die Lehrerin wissen.

„Sie wollten Macht", sagt ein Junge.

Sein Nachbar: „Sie waren schlau, ich will auch Macht."

„Hitler wollte der Herrscher über sehr viele Länder sein", versucht van Aken. „Was hat Hitler getan, um ein Herrscher zu werden?"

Eine Hand geht hoch: „Er hat eine Partei gegründet."

„Genau wie die Taliban-Kämpfer", ruft ein Junge begeistert.

„Warum war Hitler eigentlich gegen die Juden?", fragt der Junge mit dem Handy.

Einer seiner Klassenkameraden meldet sich schon seit einer Weile. Er möchte nur kurz sagen, dass ihn der Film sehr beeindruckt hat, der letzte Woche gezeigt wurde. „Die Juden mussten 270 Tage in ein Konzentrationslager. Und dort wurden sie alle krank!"

Die letzte Unterrichtsstunde an dem Tag gerät außer Kontrolle, als Mustafa, modische Klamotten, cooler Blick, leise zu singen beginnt. „Joden moeten we doden" (Juden müssen wir töten), summt er so leise, dass es Carolien van Aken nicht hört. Als er nach ein paar Minuten aufhört, fängt sein Nachbar an. Er will provozieren und singt immer lauter „Ju-den, tö-ten". Bis ihn die Lehrerin hört und zur Rede stellt.

„Ich sag doch auch nicht: alle Muslime sind heroinsüchtig!" Sie stemmt ihre Hände in die Hüften.

„Wie kommst du dazu, so etwas zu sagen?"

„Die haben mich gepiesackt", erklärt er zaghaft.

Mustafa, der mit „Juden-töten" angefangen hat, tut so, als sei er eifrig bei der Arbeit.

Zur Strafe wird der Nachbar, der erwischt wurde, aus seiner Gruppe geholt und an einen Tisch hinten im Raum gesetzt. Da muss er nun allein eine Antwort auf die Frage finden: Warum ist es wichtig, dass wir im Unterricht noch immer den Zweiten Weltkrieg behandeln?

Minutenlang starrt er in sein Buch, stützt gequält den Kopf in die Hände. „Ich weiß es nicht", murmelt er vor sich hin. „Probier's", ruft seine Lehrerin aufmunternd. Der Junge guckt auf sein leeres Blatt. „Ich will wieder zu meiner Gruppe", sagt er gequält. „Wirklich, Frau van Aken, das kann ich nicht allein."

Der Feind

IN ALLEN FAMILIEN, die ich besuche, läuft der Fern
seher. Oft nur als schummrige Lichtquelle ohne Ton, nur
bewegte Bilder. Alle schauen sich die Sender aus ihren
Herkunftsländern an.

Während meiner Gespräche mit den Eltern sah ich
türkische, marokkanische oder indische Superstar-Such-
shows, nicht selten mit überzogenen Auftritten von Brit-
ney-Spears- und Justin-Timberlake-Imitaten.

Die Nachrichtenprogramme des arabischen Senders
Al-Dschasira sind beliebt, aber auch iranische Sender
kommen gut an. Der von Saudi-Arabien operierende religiöse Sender Iqra wird von marokkanischen Familien regelmäßig gesehen. Zu den Gebetszeiten kann direkt nach
Mekka geschaltet werden, wo in dem Moment Tausende
von Gläubigen zusammenkommen.

Iqra-TV strahlt populäre Talkshows aus, in denen be-
deutende Männer und Frauen diverse religiöse Probleme
diskutieren. Zuschauer in der ganzen Welt können per
E-Mail ihre Fragen stellen.

Der Islam müsse weltweit verbreitet werden, lautet
die Botschaft von Iqra. Der Satellitensender weist auf die
verdorbene Moral des Westens hin, wo man die Frauen
nicht ehre, die Alten mit Füßen trete und den Islam ver-
damme.

Gerade dort, wo viele Christen leben, müsse Allahs
Stimme gehört werden. Denn Juden und Christen lügen,
wenn sie sagen, dass Allah sie liebe, berichtet Iqra am

12. Dezember 2004. „Wenn das so wäre, warum würde Allah sie sonst in der Hölle verbrennen?" Die Scheichs geben sich bei Iqra die Türklinke in die Hand, um vor der drohenden Weltherrschaft der Juden zu warnen. Hin und wieder haben die islamischen Sender im Nahen Osten auch Erbarmen mit den Christen, die nicht begriffen, dass sie von den Juden benutzt würden.

Ein Beispiel aus einem im Juli 2004 von Iqra gesendeten Programm, in dem sich Scheich Muhammed Al-Mussayer von der Al-Azhar-Universität über die Beziehung zwischen Muslimen und Andersgläubigen äußert: „Diejenigen, die an unserem Glauben zweifeln, sind Perverse, die selbst von starken Zweifeln befangen sind. Wir müssen uns nicht verteidigen, wir müssen die Feinde mit ihren Fehlern konfrontieren. Was haben sie zu der perversen Ideologie der Protokolle von Zion zu sagen? Wir müssen zeigen, wer sie wirklich sind. Wir müssen über den Zionismus sprechen, der das Christentum infiltriert. Das Christentum und das Judentum waren lange Zeit Feinde, doch das ist jetzt vorbei, weil sie einen gemeinsamen Feind haben, den sie vernichten wollen: den Islam. Es ist unser Auftrag, die wahre Absicht der Juden und Christen zu entlarven."

Eine andere Sendung beschäftigt sich ausführlich mit der schändlichen Art und Weise, wie der Westen seine alten Menschen behandelt. Es sei nur logisch, meint der TV-Sender, dass alte Menschen im Westen lebensmüde seien. Schauderhaft ist die Geschichte über den englischen Teenager, der laut Iqra eine alte Frau erstochen, ihr das Herz herausgenommen und ihr Blut getrunken habe. Derartige teuflische Praktiken seien im amoralischen Westen üblich, weiß der Sender zu berichten.

Vergangenen September gingen Iqra-Journalisten auf die Straße, um den „einfachen" Mann (natürlich keine Frau) zu seiner Meinung über „die Juden" zu befragen. Als erstes wollten sie wissen, ob der durchschnittliche Saudi bereit sei, einem Juden die Hand zu geben.

Es gab keinen, dem so etwas je einfallen würde. „Natürlich nicht, schon aus religiösen Gründen, aber auch wegen dem, was in Palästina passiert. Es gibt viele Gründe, warum ich einem Juden nie die Hand geben würde", sagte ein junger Mann. „Diesen mordgierigen Juden kann man nicht vertrauen", behauptete ein anderer. Und ein Dritter: „Wenn ich einem Juden die Hand gebe, muss ich meine Hand abhacken."

Die nächste Frage: „Wenn ein Kind Sie fragen würde, wer die Juden sind, was würden Sie antworten?" Die interviewten Männer waren sich auch in dem Punkt rührend einig: Es gebe keinen größeren Feind als den Juden. „Die Mörder unseres Propheten, unser ewiger Feind."

Einer der Befragten gibt einen Tipp, wie man die Juden loswerden könne. Allah sei sehr böse auf die Juden, weil sie vom rechten Weg abgewichen seien. Sie sind das widerlichste Volk auf Erden, denn sie liebten nur sich selbst. Sein Lösungsvorschlag ist unmissverständlich: den Dschihad ausrufen und die Juden zertreten. „Wir brauchen nicht mal Waffen, wir sind so viele, dass ihre Leiber unter unseren Füßen verfaulen werden."

Die Eltern der Schüler aus der 2K, die sich Iqra-Sendungen anschauen, sind vor allem an Programmen mit religiösen Anleitungen interessiert. So etwas vermissen sie im niederländischen Fernsehen.

Zwei Welten

ESZA IDENTIFIZIERE SICH STARK mit den Palästinensern in den besetzten Gebieten, erzählt ihre Mutter. Sie finde es schlimm, wenn sich ihre Tochter öffentlich antisemitisch äußere. Darum versuche sie ihr zu erklären, dass die Juden hier anders seien als die israelischen Soldaten in Gaza. Aber Esra sei schwer zu überzeugen.

Das kommt vom Fernsehen, sagt Frau El Yakoubi. Von den schrecklichen Bildern, die Al-Dschasira über das Schicksal der Palästinenser sendet. Ihren ältesten Töchtern gehe das sehr nahe. Deshalb schauten sie sich in letzter Zeit nicht mehr das Programm von Al-Dschasira an, wenn die Kinder dabei seien.

Heute ist Iqra-TV eingeschaltet. Es ist Zeit fürs Gebet, also schaltet Iqra live nach Mekka. Herr El Yakoubi findet diese Bilder immer beruhigend. Er zappt mit der Fernbedienung durch alle arabischen Programme. Drei TV-Sender aus dem Irak, zwei aus Algerien. Ägypten, Iran, die Vereinigten Emirate, Saudi-Arabien, die ganze islamische Welt kommt in ihr Wohnzimmer. Aber Herr El Yakoubi sieht auch niederländische Programme, wie die Nachrichtensendung *NOS Journaal* und *Nova* (ähnlich den „Tagesthemen"). Vor allem nach dem Mord an Theo van Gogh. „Ich will auf dem Laufenden sein. Auch wenn es mir viel mehr Ruhe gibt, wenn ich im Koran lese."

Frau El Yakoubi, vierunddreißig, eine hübsche Frau in einem langen Gewand, die Haare unterm Kopftuch versteckt, hat sich früher gern Fernsehshows und amerikanische Filme angesehen. Sie fühlt sich viel besser, seit sie das nicht mehr macht. Dieser ganze dekadente Unsinn! Lieber vertieft sie sich in den Koran. Heute strahlt Iqra eine Gesprächsrunde zu religiösen Problemstellungen aus. Zuschauer in der ganzen Welt können übers Internet Fragen stellen. Die Antworten werden aus dem Fernsehstudio in Saudi-Arabien erteilt. Oft geht es über Gebote und Verbote im Islam, zum Beispiel: Darf man sich vor der Ehe küssen?

Herrn El Yakoubi, vierzig, sieht man an, dass er fromm ist. Er trägt einen Bart, den er jedoch nicht lang wachsen lässt wie es manche gläubigen Männer tun. Herr El Yakoubi passt sich an. Weil er meint, dass es anders nicht geht. Er ist Aufzugmechaniker und widmet sich in der Freizeit dem Islam. Sein Bücherschrank liefert den Beweis. Dort stehen Hunderte in Leder gebundene Bücher mit goldbedruckten Rücken, alle über den Glauben. An der Wand im Wohnzimmer hängt eine besondere arabische Uhr, aus der zu den Gebetszeiten fünfmal am Tag ein lauter Singsang ertönt.

Im letzten Jahr war er zum ersten Mal auf Pilgerfahrt in Mekka, eine unvergessliche Erfahrung. Nur das Geschiebe und Gedränge fand er schrecklich. Dass sich dort so viele Leute versammeln würden, hatte er nicht erwartet.

In seiner Freizeit erteilt Herr El Yakoubi jungen Männern Koranunterricht in der Moschee. Das Interesse sei enorm. Gerade junge Männer hätten einen großen Wissensdurst in Bezug auf den Islam.

Herr und Frau El Yakoubi, Cousin und Cousine, sind sehr gastfreundlich. Sie sprechen gut Niederländisch. Ihre fünf Töchter gehen alle noch zur Schule. Amina, die älteste, ist neunzehn und besucht eine Berufsfachschule für Sozialwesen. Momentan absolviert sie ein Praktikum bei einer Hausverwaltung in Amsterdam-Südost. Einige Kunden wollen sich nicht von ihr beraten lassen, weil sie ein Kopftuch trägt. Das macht sie wütend. Warum akzeptieren die Leute sie nicht?

Wenn ein Raum zur Verfügung steht, betet Amina an ihrem Arbeitsplatz. Ihren Kollegen ist es lieber, dass sie sich zum Gebet zurückzieht. Wenn sie im Büro nicht dazu kommt, weil es hektisch zugeht, holt sie ihre religiösen Pflichten zu Hause nach.

Hind und Nadia, die beiden jüngsten, gehen – wie ihre Schwestern früher – in die islamische Grundschule. Esra, die mittlere, ist im *Calvijn*, und Zara, die zweitälteste, absolviert eine Ausbildung zur Apothekenhelferin. Nette Mädchen, alle verschleiert und gläubig.

Herr und Frau El Yakoubi sind viel religiöser als ihre Eltern.

Bei den Eltern war der Glaube Tradition; Herr und Frau El Yakoubi entschieden sich bewusst dafür.

Sie: „Wenn man sich an die Regeln des Islam hält, kann man alles bewältigen."

Er: „Alle suchen das Glück. Der eine findet es in ein paar Bierchen. Ein anderer sucht es in seinem Glauben."

Sie: „Beten schenkt mir Ruhe, wie Yoga. Wir lesen jeden Abend eine Viertelstunde im Koran."

Er: „Ich studiere den Koran schon sehr lange. Er beruht auf Liebe und Gleichheit. Als Ayatollah Khomeini Anfang der achtziger Jahre nach der enormen Unterdrückung durch den Schah an die Macht kam, hat mich der Glaube ergriffen. Damals lebte ich noch in Marokko. Ich sprach häufig mit meinen Freunden darüber. Und einer von ihnen hat mir gesagt, dass er nicht mehr gläubig sei. Das war ein großer Schock für mich, ich konnte es einfach nicht fassen. Und dabei war er der Sohn von einem Imam!"

Sie: „Natürlich mache ich mir Sorgen um meine Töchter. Ich möchte verhindern, dass sie den falschen Weg einschlagen. Seit ihrem vierten Lebensjahr bringe ich ihnen bei, was gut und böse ist. Jeden Morgen sage ich ihnen: Geratet nicht in Versuchung."

Er: „Sie müssen dem richtigen Weg folgen. Ich versuche, ihnen alles über den Islam mit auf den Weg zu geben."

Sie: „Mein Mann und ich könnten es nicht akzeptieren, wenn sich unsere Töchter in Nichtmuslime verlieben. Das erlaubt der Islam nicht. Wir würden versuchen, ihnen deutlich zu machen, dass das nirgendwo hinführt."

Er: „Ich kann nicht ohne den Propheten leben, und auch nicht ohne den Koran. Ich bin immer am Lesen. Einmal in der Woche gebe ich jungen Männern Koranunterricht."

Sie: „Wir beschäftigen uns mehr mit dem Glauben, als unsere Eltern. Der Islam wurde bei uns zuhause nicht wirklich gelebt. Ich durfte mich nicht mit Jungs abgeben. Wir waren zu Hause zu elft. Meine Eltern fanden, dass ich keine Freunde brauchte. Wir hätten genug an uns."

Er: „Immer mehr junge Leute werden tiefreligiös. Das sehe ich in meiner Umgebung."

Sie: „Während des Ramadan passt niemand mehr in die Moschee, so voll ist es."

Esra hat ein ausgeprägtes Gerechtigkeitsgefühl. Wenn sie oder jemand anders schlecht behandelt wird, wird sie aktiv. Wenn sie wütend ist, ist sie manchmal uneinsichtig. Und das ist schwierig. Einer der Lehrer forderte sie ständig heraus. Hänselte sie wegen ihres Glaubens. Sagte, dass sie kein Kopftuch tragen solle. Machte hässliche Bemerkungen über ihren Propheten. Wollte mit ihr über den Islam diskutieren. Esra fühlte sich in ihrer Persönlichkeit verletzt.

Ihre Noten wurden schlechter, und bevor ihre Eltern erkannten, woran es lag, musste sie die Schule verlassen. „Ich war wütend, dass man so mit ihr umgesprungen ist, aber der Schulkoordinator sagte, dass es nicht anders ginge", erzählt Frau El Yakoubi. Sie fühlte sich im Stich gelassen. Warum half man ihrer Tochter nicht?

Ihre Mutter wollte wissen, warum ihre Tochter in der Schule oft wütend war. „Ich habe sie schließlich zur Welt gebracht." Sie ging mit Esra zum Jugendamt und führte dort einige Gespräche.

Das Aufbrausende steckt in der Familie. Amina, Esras ältere Schwester, konnte früher auch heftig und unversöhnlich sein. Inzwischen hat sie diese Phase überwunden und ist nun die Vernunft in Person. In den Ferien waren die Schwestern zusammen in Marokko, bei ihrer Tante. Esra fand es schrecklich, wieder nach Holland zurückkehren zu müssen. Sie wäre am liebsten für immer in Marokko geblieben, so gut gefiel ihr das Leben dort. Amina hingegen war froh, als sie wieder in Amsterdam war. Sie strahlt: „Ich dachte: Ob im Osten, ob im Westen, in der Heimat ist's am besten." Sie fühle sich als Amsterdamerin und als Muslima. „Warum können Holländer mich nicht nehmen, wie ich bin?"

Amina suchte vor einem Jahr E-Mail Kontakt mit Ayaan Hirsi Ali. Sie wollte wissen, warum Frau Hirsi Ali den Islam so heftig kritisiert. In der Antwortmail stand, Frau Hirsi Ali habe keine Zeit für solche Dinge.

Amina surft häufig im Internet. Sie besucht Websites, die religiöse Fragen thematisieren. Da wird zum Beispiel diskutiert, ob man seinen Mann vor der Ehe kennen müsse. Oder es wird gefragt, welcher der männlichen Websitebesucher einen Bart habe.

Man kann dort auch eine herzzerreißende Jungenstimme hören, die sich in einem arabischsprachigen Gedicht über die israelische Besatzung beklagt. Eine der Besucherinnen hat den Text wörtlich übersetzt. Ob es ganz fehlerfrei sei, wisse sie nicht. „Möge Allah mir verzeihen.“

Übers Internet hatte Amina auch Kontakt zu den Studenten, die im vergangenen Frühjahr den Andachtsraum in der Fachhochschule Amsterdam zu einer radikalen Moschee ummodelten. Es gab einen getrennten Raum für Frauen. Als die Leitung der Hochschule davon hörte, wurde die Moschee geschlossen.

Angst

ZWEI WOCHEN NACH DEM MORD AN THEO VAN
GOGH rufe ich Frau El Yakoubi an. Sie ist aufgeregt, redet
ohne Punkt und Komma. Sie habe mich auch schon anrufen wollen, sagt sie, um mich zu einer Tasse Kaffee ein-
zuladen. Aber sie hatte so viel zu tun, der Ramadan.

Sie sagt, dass sie nicht über den Mord an Van Gogh
reden könne. Es berühre sie zu sehr. Eine Minute später
bricht es doch aus ihr heraus. „Ich kann Ihnen gar nicht
sagen, wie ich mich fühle. Zwischen zwei Stühlen! Die
Marokkaner sagen, dass van Gogh seinen verdienten Lohn
bekommen habe, und die Holländer schimpfen jetzt auf
alle Muslime. Mir tun die Angehörigen von Theo van
Gogh und die Familie von Mohammed Bouyeri leid!"

Sogar innerhalb der Familie gehen die Meinungen auseinander.

Esra hat Verständnis für Mohammed Bouyeri. Ihre Eltern versuchen ihr zu erklären, dass Mohammed Bouyeri falsch gehandelt habe, dass nur Allah ein Leben aus-
löschen dürfe.

„Ich habe das Gefühl, dass ich mich Holländern gegenüber ständig verteidigen muss", sagt Frau El Jakoubi
aufgeregt. „Sie machen uns dafür verantwortlich." Zara,
die zweitälteste Tochter, traute sich nach dem Mord nicht,
in die Schule zu gehen. Aus Angst vor Repressalien blieb
sie zwei Tage zu Hause. Alle Kinder haben Angst, erzählt
sie. Und sie selbst auch. Frau El Yakoubi ist jeden Abend
froh, wenn alle wieder heil zu Hause sind.

„Neulich wollte ich mit zwei meiner Töchter den Bus nehmen", sagt sie. „Der Busfahrer sah uns, drei verschleierte Frauen, an der Haltestelle stehen und fuhr einfach weiter. Esra wurde wütend, ich musste sie besänftigen. Ich sagte ihr, dann fahren wir halt mit dem nächsten. Ich habe den Vorfall bei der Verkehrsgesellschaft gemeldet. So et was kann ich doch nicht einfach hinnehmen?" Ihre Stimme überschlägt sich: „Jeden Tag bete ich zu Allah, dass bald wieder Ruhe einkehren möge."

Ende November. Die zehnjährige Hind hat abends noch ihr Kopftuch auf. Es sitzt etwas schief, und der Knoten ist aufgegangen, aber das merkt sie gar nicht. Sie ist zu sehr mit der Überraschung beschäftigt, an der sie herumbastelt. Nicht zum Nikolaus, wie niederländische Kinder, denn sie geht in die islamische Grundschule. Es hat etwas mit dem Zuckerfest zu tun, ihre Mutter weiß es nicht genau. Esra ist nicht da, sie übernachtet heute bei der Großmutter, die in der Nähe wohnt.

Herr El Yakoubi hat sein Telefon griffbereit. Er erwartet Aminas Anruf, die heute bei einer Lehrerin zuhause Unterricht hat. Wenn sie fertig ist, wird er sie abholen. Er hat Bereitschaftsdienst. Sollten Leute in einem Aufzug stecken bleiben, holt er sie heraus.

Die schöne marokkanische Teekanne kommt auf den Tisch.

Herr und Frau El Yakoubi wollen reden.

Er: „Dieser Mohammed Bouyeri ist ein Irrer. Jemand, der so etwas tut, ist nicht normal."

Sie, mit erhobenen Händen: „Was können wir machen?"

Wie konnte das geschehen? Hätten seine Eltern besser auf ihn aufpassen müssen?

„Das hat nichts mit der Erziehung zu tun", reagiert Herr El Yakoubi. „Wissen Sie, was dagegen eine Rolle spielt? Die Kluft zwischen den Alten und den Jungen in unserer Gemeinschaft. Und die Kluft zwischen der Moschee und den Jugendlichen." Diese Jungs stehen unter dem Einfluss des Islam, fragen aber die falschen Leute um Rat. Sie werden in der Zukunft viele Probleme bekommen, prophezeit er.

Sie lesen übersetzte Bücher über den Islam, sagt Herr El Yakoubi, und sie lesen einen niederländischen Koran. Das sei völlig falsch. „Es ist gefährlich, den Koran wörtlich zu nehmen. Die Bedeutung der Offenbarung muss diesen Jungen erklärt werden."

Zum Beispiel das Wort „Ungläubige", sagt Herr El Yakoubi. „Damit ist der Feind gemeint und nicht jeder Ungläubige. Muslime sagen zueinander: Alle Ungläubigen sind gefährlich! Sei auf der Hut! Meide den Umgang mit ihnen! Aber wer das Wort ,Ungläubige' so interpretiert, kann hier nicht leben. Dann könnte ich meinen Kollegen nicht mehr vertrauen! Obwohl ich schon so viele Jahre hervorragend mit ihnen zusammenarbeite!"

Verzweifelt: „Ich sehe es in meinem Umfeld. Junge Muslime, die sich den Koran zur Hand nehmen, das Buch in kürzester Zeit lesen. Und dann zu schnell Schlussfolgerungen ziehen.

Wir haben eine so lange und schöne Geschichte. Die Sunna, die Hadithen. Was wissen diese jungen Männer denn schon davon?"

Die beiden jüngsten Mädchen gehen unaufgefordert zu Bett. Frau El Yakoubi setzt Wasser für frischen Tee auf.

Amina ruft an. Die Töchter El Yakoubi dürfen sich abends nicht allein auf der Straße bewegen. Kurz danach klingelt das Telefon wieder. Ein Arbeitskollege. Jetzt spricht Herr El Yakoubi mit Amsterdamer Akzent. Jemand ist in einem Aufzug stecken geblieben. Sein Kollege fährt sofort los.

„Die Politik kann das Problem nicht lösen", sagt Herr El Yakoubi, als er nach einer halben Stunde mit Amina zurückkommt. Die Moscheen böten auch keinen Ausweg aus der Identitätskrise dieser jungen Männer. Die Imame hätten ein zu eingeschränktes Wissen. Die wenigsten seien Islamgelehrte wie Herr El Yakoubi. Diese Imame könnten Jugendlichen mit extremem Denken nicht helfen. Aber er, Mohammed El Yakoubi, könne dies wohl. Nicht umsonst habe er einige Jahre Theologie an der Universität von Fès studiert, lange bevor er in die Niederlande gekommen ist.

Es müsse viel geschehen. Die Trennung von Kirche und Staat müsse dahingehend revidiert werden, dass der niederländische Staat schnell für gute Imame und Religionslehrer sorge. Die radikalen Jugendlichen müssten Koranunterricht bekommen. Herr El Yakoubi würde sofort seine Stelle kündigen, wenn er dafür bezahlt würde, diese Jugendlichen zu begleiten.

Seine Frau erschrickt sichtbar bei dieser Idee: „Behalte lieber deine Stelle, so haben wir jedenfalls ein sicheres Einkommen."

Der Islam sei nicht nur populär bei jungen Männern, fährt Herr El Yakoubi unbeirrt fort, sondern auch bei jungen Frauen. „Vergessen Sie nicht, die freieste Frau ist eine muslimische Frau. So steht es wörtlich im Koran. Das kann eine Frau ihrem Mann auch entgegenhalten."

Für die Familie El Yakoubi ist der Islam eine Quelle der Freude und Zuversicht. Diesen Schatz würde Herr El Yakoubi gern mit anderen teilen. „Wir haben eine so schöne Botschaft", sagt er. „Aufrichtigkeit, Gleichheit, Barmherzigkeit. Warum gelingt es uns nicht, sie zu verkünden?"

Die Holländer hätten Unrecht, wenn sie sagen, die Marokkaner würden sich zu wenig um die Erziehung ihrer Kinder kümmern, meint Herr El Yakoubi. Er kenne nur Eltern, denen die Erziehung ihrer Söhne und Töchter sehr am Herzen liege. Allerdings fühlten sie sich damit oft allein, denn in Marokko sei die ganze Verwandtschaft an der Kindererziehung beteiligt.

Die Eltern der ersten Generation hätten vielleicht einen Fehler gemacht, meint Herr El Yakoubi. Sie reagierten manchmal zu radikal, wenn ihre Kinder über die Stränge schlügen. Sie würden dann sagen: Mach, dass du wegkommst, du bist mein Kind nicht mehr. Das sei natürlich unvernünftig.

Er: „Und jetzt sind die Ägypter, diese radikalen Islamisten, gekommen, die unsere Jungen anwerben."

Sie: „Es müsste ein Gesetz geben, dass Kinder von Zuwanderern die Schule nicht ohne Abschluss verlassen dürfen."

Er: „Sie sprechen die Jungs oft außerhalb der Moschee an, häufig bei jemandem zu Hause."

Sie: „Die Frauen in der Moschee reden immer über Mohammed Bouyeri. Der Imam war sehr deutlich. Er hat gesagt: Wo führt das hin, wenn wir jemandem das Leben nehmen?"

Er: „In die El Tawheed-Moschee gehen auch viele Jugendliche zum Gebet. Da wird übrigens Niederländisch gesprochen."

Sie: „Darum gehen viele in diese Moschee, die sich zum Islam bekehrt haben."

Er: „Da kann man viel lernen."

Sie: „Ich habe Angst. Die Nachbarin meiner Schwiegertochter wurde von einem holländischen Mann krankenhausreif geschlagen. Mit einer Fahrradkette."

Er: „Auf meiner Arbeit wird nicht über den Mord an Theo Van Gogh gesprochen. Ich bin da der einzige Muslim."

Sie: „Kürzlich musste ich mal Geld aus dem Automaten ziehen. Ich ging ganz allein durch eine breite, lange Straße. Ich hatte so eine Angst. Mein Herz schlug wie wild."

Sie grübelt. „Ich würde gern einmal mit Mohammed Bouyeri reden", sagt sie. „Ihn fragen, was er sich dabei gedacht hat, als er Theo Van Gogh erschossen hat. Was ging in ihm vor? Hat er geglaubt, er würde eine Aufgabe erfüllen?"

Herr und Frau El Yakoubi haben für Ayaan Hirsi Ali kein gutes Wort übrig. Begreift diese Frau nicht, wie sie andere verletzt? Dass sie diesen Film *Submission* gemacht hat, hat sie tief getroffen. Amina hat sich den Film dreimal im Internet angesehen. Sie versteht nicht, was Hirsi Ali damit erreichen will.

„Was Frau Hirsi Ali getan hat, ist sehr gefährlich", sagt Frau El Yakoubi. „Sie wusste, wie nahe uns das geht."

„Islamische Frauen sind nicht isoliert", behauptet Herr El Yakoubi. „Und man kann auch nicht sagen, sie würden unterdrückt. Sie sind Frau!"

„So ist es!", sagt Frau El Yakoubi.

Warum sind die Mütter dann nicht präsent? Warum kommen sie nicht zu den Elternabenden in der Schule?

„Das hat nichts mit dem Glauben zu tun, das ist die

Kultur", sagt Herr El Yakoubi. „Und die ist in sich geschlossen."

Es ist nicht gerecht, finden sie. Theo van Gogh und Ayaan Ali Hirsi dürfen die schlimmsten Dinge über Muslime sagen. Aber wenn der Rotterdamer Imam El Moumni Homosexualität als Krankheit bezeichnet, wird er wegen Diskriminierung angeklagt.

Frau El Yakoubi entrüstet: „Er hat doch auch ein Recht auf freie Meinungsäußerung!"

Herr El Yakoubi, wütend: „Hirsi Ali darf sich alles erlauben. Kann man sie nicht abschieben? Nach Somalia?"

Internet

IM VIERTEL DER EL YAKOUBIS WOHNT EIN IMAM mit seiner Familie. Seine beiden Töchter wurden, als sie fast zwanzig waren, auf einmal sehr religiös. Sie wollten unbedingt den Niqab tragen, obwohl ihr Vater strikt dagegen war. Die Mädchen machten sich im Internet auf die Suche nach einem geeigneten Ehepartner. Beide heirateten – eine fand ihren Mann tatsächlich übers Internet – tiefgläubige, in den Niederlanden geborene und aufgewachsene Muslime, die über eine niqabtragende Ehefrau erfreut waren.

Längst nicht alle Schüler aus der 2K haben einen Computer. Wenn sie einen besitzen, surfen sie ohne Maß. Sie landen auf nützlichen Webseiten, aber auch auf Pornoseiten, und sie besuchen oft Webseiten, die sich mit ihrer Religion beschäftigen.

Das wieder auflebende Interesse am Islam lässt sich im Internet gut verfolgen. Schwärmerische Mädchen erzählen sich in niederländischsprachigen Foren, wie froh sie sind, dass sie ein Kopftuch tragen, und wie glücklich sie sich preisen, Muslima zu sein. „Ich trage *hamdullila* (Gott sei Dank) auch ein Kopftuch, eure Schwester Hanan." Unter einem der Beiträge zum Stichwort „Kopftücher" steht: „Glaube an Allah und sei nicht stur. Er ist der einzige nur. Folge ihm und du findest den Weg ins Paradies!"

Korantexte werden ins Forum gestellt und kommentiert. Allah wird Lob und Dank zuteil. Die Rolle der

Frau wird thematisiert, und es wird diskutiert, ob die Pille *haram* (verboten) oder erlaubt ist.

Die Internetbesucher sind froh über ihren Glauben. Der Islam sei so erfüllend, so friedliebend und wertvoll. Sie beklagen sich über die Haltung der Niederländer. Warum ist es für sie so schwierig, einen Praktikumsplatz zu bekommen? Liegt es daran, dass sie Muslime sind? Weil sie ein Kopftuch tragen? Warum fahren Busfahrer immer häufiger vorbei, wenn sie kopftuchtragende Mädchen an der Haltestelle stehen sehen?

Die Realität

NACH DEM MORD AN THEO VAN GOGH befürchten die Lehrer im *Calvijn College* das Schlimmste. Es ist ihnen bewusst, dass mit Mohammed Bouyeris Mord ein Märtyrer geboren wurde. Der Konrektor geht an diesem Tag in alle Klassen und bittet die Lehrer, für eine gemäßigte Stimmung zu sorgen. Er rät ihnen, Diskussionen zu vermeiden. Die meisten Lehrer sind froh darüber, sie haben Angst vor den heftigen Emotionen ihrer Schüler.

Nach den Sommerferien sind die Schüler aus der 2K ihren eigenen Weg gegangen. Die meisten Mädchen haben die Richtung Familienpflege gewählt, einige der Jungen haben sich für eine spätere Bürolaufbahn entschieden. Sie sind jetzt im kaufmännischen Zweig. Samir, Cemal, Mohammed, Mehmet und Bekir sind in der Klasse 3A, ihr Mentor ist Jacob Eikelboom.

In der Klasse 3A gab es ein gewisses Verständnis für die Tat von Mohammed Bouyeri, obwohl niemand genau wusste, wer Theo van Gogh eigentlich war. Die Argumentation der Schüler ist einfach. Ein Feind des Islam dürfe jederzeit umgebracht werden.

Mohammed rief sofort, dass Hirsi Ali nun auch dran glauben müsse.

Samir und Mohammed fühlen sich schnell persönlich angegriffen, wenn über den Islam gesprochen wird. Jede Form der Kritik trifft sie zutiefst. Es ist die Demütigung. Der wunderbare Glauben, der in ihren Augen lächerlich gemacht wird. Ein Mädchen aus Eikelbooms Klasse wollte nach dem Mord an van Gogh allen Ungläubigen zu Leibe rücken. Er fragte sie, wie sie das meine. Ob er dann auch sterben müsse? Sie erschrak, natürlich dürfe er am Leben bleiben. Ein paar aufsässige Schüler riefen, dass Aboutaleb sterben müsse. Die sozialdemokratische Stadträtin Fatima Elatik bezeichneten sie als eine weintrinkende Hure.

Im technischen Zweig, wo Ali, Zaïd, Hassan und Najid seit August zum Automechaniker ausgebildet werden, traten die meisten Jungen für Mohammed Bouyeri ein. Einige Schüler meinten, van Gogh habe es nicht anders verdient.

In Azizas und Melissas Klasse jedoch spielte der Mord kaum eine Rolle. Die Mädchen waren mit anderen Dingen beschäftigt. Sie bereiteten ein Bewerbungsgespräch vor und suchten einen Praktikumsplatz. Sie besprachen ihr Make-up. Die Aufregung um Mohammed Bouyeri beeindruckte sie nicht.

In der Mentorklasse der Geschichtslehrerin Carolien van Aken war es genauso. Ihre Schüler (Zwölf- bis Dreizehnjährige) leben in ihrer kleinen Teenagerwelt. Auch in den Tagen nach dem Mord interessierten sich Kinder – wie sonst auch – vor allem für die nächste Pause. „Und", sagt van Aken, „für die letzte Folge ihrer Lieblingsserie *Gute Zeiten, schlechte Zeiten*."

Die etwa ein Jahr älteren Schüler von Henk Jongkind sollten nach dem Mord an Theo van Gogh einen Aufsatz über die Anschläge auf Kirchen und Moscheen schreiben. Er riet ihnen, möglichst viele Informationen aus Quellen wie Zeitungen, Radio und Fernsehen zu verwenden.

Es wurden sehr brave Aufsätze, erzählt Jongkind. Er habe dieses Jahr nur liebe Kinder in seiner Klasse. Alles, was sich außerhalb ihrer eigenen kleinen Welt ereigne, gehe völlig an ihnen vorbei. „Mir fällt oft auf, dass sie gar nicht wissen, in was für einem Land sie leben. Große Ereignisse kriegen sie überhaupt nicht mit. Weder den Mord an van Gogh noch die Brandanschläge auf Moscheen. Es beeindruckt sie kaum. Sie erfassen weder den Ernst der Lage noch kennen sie die Risiken, denen sie selbst ausgesetzt sind."

Henk Jongkind findet es wichtig, dass seine Schüler erkennen, was um sie herum passiert. Der Aufsatz musste deshalb auch eine Schlussfolgerung enthalten. „Daraus lernen sie."

Die Kinder nahmen den Auftrag ernst, suchten sich Informationen zusammen. Die Aufsätze waren kurz und endeten mit lapidaren Schlussfolgerungen wie: „Brandstiftung ist gefährlich." Oder: „Man darf nicht mit dem Feuer spielen."

„Menschen zünden viele Kirchen, Schulen und Häuser an", schreibt Saïd. „Dadurch entsteht große Panik. Meistens kommt es in den Nachrichten, die Sprecher sagen, dass es in Amsterdam passiert. Durch die Brandstiftung ist viel Hass entstanden, die Menschen geben sich gegenseitig die Schuld, und vor allem geben sie Amsterdam die Schuld."

„Menschen zünden Moscheen, Schulen und Kirchen an", schreibt ein anderer. „Und das ist sehr schlimm. Sie bekommen dann Panik und können abends nicht normal auf die Straße gehen. Das passiert fast überall in Holland, nur nicht in Amsterdam."

„Brandstiftung ist sehr gefährlich", warnt Aslihan.

„Und es ist außerdem sehr schlecht für die Umwelt. Zum Glück wurden keine Menschen verletzt, und viele Feuerwehrautos waren da."

„Menschen, die jetzt Kirchen und Moscheen in Brand stecken", schreibt ein Schüler, „machen einen großen Fehler. Sie wollen anderen Leuten Angst machen und sie machen nur Probleme. Menschen, die so etwas tun, finde ich dumm."

Zwei Klassen höher hörte sich das ganz anders an. Einige Wochen nach dem Mord gab Jacob Eikelboom seinen Schülern den Auftrag, einen Leserbrief über die dramatischen Ereignisse zu schreiben. Er erschrak, als er die abgegebenen Texte las.

„Eigentlich ist es richtig, dass er ermordet wurde", schrieb ein Schüler.

„Theo van Gogh hat viel Schlechtes über Allah gesagt, und jetzt ist er endlich tot, und die niederländische Gesellschaft soll die Finger von den Moscheen lassen, sonst werden Köpfe rollen. Wir können nichts dafür, dass Mohammed Bouyeri ihn umgebracht hat. Aber ihr seid jetzt gewarnt", meinte ein anderer.

„Der Mord an Theo van Gogh gab mir echt einen Kick", schrieb ein Schüler. „Wir Muslime lassen uns nicht von Ungläubigen beleidigen."

„Ich finde, dass er es verdient hat", fand Nummer vier. „Was denkt der sich, den Propheten einen Ziegenficker zu nennen! Nun ja, das ist meine Meinung. Sorry, aber dieser Film hat mich echt getroffen."

Und: „Theo van Gogh hat angefangen, unseren Glauben lächerlich zu machen, obwohl der Islam schon sehr lange existiert. Was bildet der sich ein! Er hat überhaupt keinen Respekt vor unserem Glauben. Ich finde, dass Hirsi Ali neben ihm liegen muss."

Ein Mädchen beschrieb, wie gedemütigt sie sich fühlte. „Der Mord an Theo van Gogh kam nicht überraschend. Er hat rassistische Dinge über den Islam gesagt. Möge Allah den Mörder von van Gogh mit dem höchsten Paradies belohnen. Schade, dass Theo gleich gestorben ist, dass er nicht erst gefoltert wurde. Möge Allah ihn foltern. Ich fühle mich als Muslima ganz schlimm beleidigt."

„Ich könnte Hirsi Ali selber umbringen, wenn ich ihr über den Weg laufen würde", so brachte ein Junge seine Wut zu Papier. „Ich würde sie ohne Mitleid in Stücke schneiden. Was bildet sie sich ein."

Eikelboom ist einiges gewöhnt. Er weiß, dass sich seine Schüler nicht akzeptiert fühlen. Dass sie wütend sind. Dass sie von den Eltern nicht zurechtgewiesen werden. Aber das? Kann man dies einfach als pubertäres Verhalten abtun? Er zeigte die Aufsätze einer marokkanischen Kollegin. Sie konnte nicht glauben, was sie las. Sie vermutete, dass die antiwestlichen Gefühle tief in den Schülern verwurzelt sind. Die würden den Kindern auf der Straße beigebracht. Aber nicht nur das. Eikelbooms Kollegin zufolge bekommen sie sie auch im Elternhaus vermittelt.

Hilfeschrei

FRÜHER DURFTE MAN NICHT LAUT SAGEN, dass die multikulturelle Gesellschaft viele Probleme mit sich bringt. Und heute geht es darum, sich nicht von dem Strom der Gewalt mitreißen zu lassen. Henk Jongkind erinnert sich an Schüler, die schon vor Jahren die Cafeteria ausraubten. Oder zum Zeichen ihrer moralischen Überlegenheit andere Kinder als „Christenhunde" beschimpften. Damals tat man solche Vorkommnisse als pubertäres Verhalten ab, das außer Kontrolle geraten war. Heute werden solche Jugendliche schnell als Extremisten abgestempelt. Man differenziert nicht mehr.

Jongkind macht die Arbeit im *Calvijn* mehr Freude als seine frühere Arbeit in dem Gymnasium, in dem er früher beschäftigt war. Die Schüler im *Calvijn* brauchen ihn mehr. Er versucht, sie so gut wie möglich auf ihre Zukunft vorzubereiten. Auch wenn sie jetzt vielleicht nicht allzu glänzend ist, so hofft er doch, dass ein paar Generationen später die größten Probleme ausgestanden sein werden.

Aber was geschieht, wenn sich seine Schüler weiterhin vom Westen abwenden?

Diese Kulturkluft macht ihm große Sorgen. Die wachsende Gruppe, die sich immer weiter von der niederländischen Gesellschaft entfernt. Was macht man mit solchen Schülern? Wie hält man sie bei der Stange? Die Eltern sind dabei keine Hilfe, das hat sich in den vergangenen Jahren gezeigt. Jongkind glaubt an Struktur und Zuwendung. An

Regeln, Ordnung und Disziplin. Und, wenn es sein muss: Konfrontation.

Die Lehrer sehen, dass manche Schüler eine immer extremer werdende Haltung einnehmen. Ihren Hass auf die Niederländer zeigen sie unverhohlen. Nach Schulschluss lummeln die Jungen oft noch vor dem Zaun herum, erzählt ein Lehrer. Sie haben nicht den geringsten Respekt vor Niederländern und zeigen ihnen das auch auf verschiedene Art. Sie beschimpfen Leute oder belästigen sie. Mit ihnen ist kein Auskommen. Muslimischer Extremismus ist für Jugendliche eine Flucht. Wenn sie verwirrt sind oder sich gekränkt fühlen, sind sie reif für Anwerber.

Ein Lehrer schüttelt den Kopf: „Wir haben versäumt, Respekt zu erzwingen. Und wir haben unsere Freiheit, die uns lieb und teuer ist, den Menschen, die wir hierher geholt haben, nicht gut vermittelt."

Zukunftsträume

ENDE NOVEMBER. Jacob Eikelboom hat in der Klasse, deren Mentor er ist, heute drei Stunden Unterricht. In der letzten Stunde werden die Schüler immer undisziplinierter. Auf dem Korridor herrscht kurz vor Unterrichtsbeginn ein Gekreische und Gegröle. Im Klassenzimmer ist es nicht ganz so laut. Sechs Kinder aus der alten 2K sind in dieser dritten Klasse: Yasmina, Cemal, Mohammed, Mehmet, Bekir und Samir.

Eikelboom bleibt beim Lärm seiner Schüler gelassen. Er wartet, bis sie sich beruhigt haben. Samir, der ganz vorne sitzt, möchte etwas sagen. Mehmet quatscht ständig dazwischen. Nur Bekir arbeitet konzentriert vor sich hin.

Ganz hinten sitzen Cemal und Mohammed. Cemal strahlt übers ganze Gesicht. Er war letzte Woche mit seinem Trainer beim Spiel des PSV-Arsenal und kam erst nachts um eins nach Hause. Er hebt den Daumen hoch und grinst.

Und Mohammed? Mohammed fingert wie üblich an seinem Handy herum.

Es bleibt undiszipliniert und laut. Einige Jungs hören Musik. „Nimm die Ohrstöpsel raus", sagt Eikelboom zu einem Schüler. „Und du auch", zum anderen. „Was hab ich gesagt?", zum ersten. In dieser Stunde sollen allgemeine Dinge im Zusammenhang mit Eikelbooms Mentorenrolle besprochen werden. Punkt eins: die Abwesenheitsnotizen, die tagtäglich auf seinem Schreibtisch landen.

„Mehmet, wo warst du am letzten Mittwoch?"

Mehmet, lässig: „Keine Ahnung."

Alle lachen.

„Ach ja", sagt Mehmet. „Ich war zuhause."

Er stört weiterhin, macht anzügliche Witze. Nach mehrfacher Verwarnung schickt ihn Eikelboom vor die Tür.

Einige Minuten später, als die Schüler gerade den Auftrag bekommen haben, etwas über ihre Zukunft zu schreiben, treibt es ein Schüler so bunt, dass er auch gehen muss. Provozierend langsam zieht er sich die Jacke an.

Er soll oben in einem leeren Raum arbeiten.

Die Schüler sollen über ihre Zukunft nachdenken und folgende Sätze vervollständigen:

In zehn Jahren …
Bin ich
Habe ich
Arbeite ich
Wohne ich
Gibt es

„In zehn Jahren ist Krieg, Herr Eikelboom", ruft Samir munter.

„Nein", sagt Eikelboom. „Es geht darum, was du persönlich hoffst."

„Ich kann auch hinschreiben, dass ich in zehn Jahren Drogendealer bin, Herr Eikelboom", schlägt Cemal vor.

Samir beugt sich über das Blatt und murmelt: „In zehn Jahren jobbe ich im Supermarkt als Regalfüller."

Die meisten wollen weg aus den Niederlanden. Millionär werden. Viele Kinder und teure Autos.

Nur Cemal weiß es nicht. Er denkt angestrengt nach. „Herr Eikelboom, was soll ich denn schreiben? Ich werde doch sowieso nie, was ich gern werden würde."

Fazit

„JODEN MOETEN WE DODEN" (Juden müssen wir tö-
ten), rief ein zehnjähriger marokkanischer Junge bei der
Totenehrung für die Opfer des Zweiten Weltkriegs im
Stadtteil „De Baarsjes". Das war im Jahr 2003. Ein paar
Kilometer weiter, in Slotervaart, spielten marokkanische
Jugendliche Fußball mit Kränzen, die Überlebende des
Krieges dort kurz zuvor an einem Mahnmal niedergelegt
hatten.

„Schrecklich", reagierte der Amsterdamer Bürgermeister Job Cohen auf die Vorfälle. Das ganze Land war sich
einig: So etwas darf nicht toleriert werden.

Die Eltern fühlten sich nicht verantwortlich für ihre
Kinder. Warum distanzierten sich die Eltern der Jungen,
die die Totenehrung störten, nicht öffentlich vom Verhalten ihrer Kinder?

Sozialarbeiter neigen dazu, die Tatsache, dass die
Väter und Mütter einfach wegschauen, zu bemänteln.
Sie führen die Probleme der Eltern ins Feld: Sie sprächen
schlecht Niederländisch, hätten zu viele Kinder, kurz, sie
seien mit der Erziehung überfordert.

Doch wenn man die Eltern nicht mitverantwortlich
machen kann für das Verhalten ihrer Kinder, wen dann?

Die Frage, warum Migranteneltern so wenig in Erscheinung treten, beschäftigt mich schon seit längerem.
Große Gruppen der Zuwandererkinder leben in einer völlig anderen Welt. Seither wollte ich mehr über ihre Eltern
erfahren. Was bedeutet Erziehung für sie?

Im Januar 2004 habe ich die Familien zum ersten Mal besucht. Der Empfang variierte von freundlich bis ablehnend. Oft kam ich umsonst, entweder hatten sie unsere Verabredung vergessen oder es sich inzwischen anders überlegt. War es Unwille? War es Angst? Im Rückblick denke ich: beides.

Die meisten zugewanderten Eltern, die ich in dem Jahr kennen lernte, leben fernab der niederländischen Gesellschaft. Das hat sich so ergeben. Und sie haben sich daran gewöhnt. Sie wohnen in „schwarzen" Vierteln und ihre Kinder gehen in „schwarze" Schulen.

Die Umwelt empfinden viele dieser Eltern als groß und bedrohlich. Sie können sich selbst oft nur mühsam behaupten. Sie verstehen ihre Kinder oft nicht, wissen nicht, was sie außerhalb der eigenen vier Wände machen, kennen deren Freunde nicht.

Wenn sich die Eltern nicht mit der niederländischen Gesellschaft verbunden fühlen, wie kann man das dann von ihren Kindern erwarten?

Der Mord an Theo van Gogh verstärkte die Segregationstendenz. Der grausame Tod des Filmemachers führte in Amsterdam-West nicht zu Bestürzung, sondern zu weiterer Absonderung. Zwei Tage nach dem Mord besuchte ich Laila Essalhi, mit der ich mich angefreundet hatte. Ich wollte wissen, wie es ihr ging. War sie sehr erschrocken? Fürchtete sie sich vor der markigen Sprache, die plötzlich auf niederländischer Seite laut wurde? Laila Essalhi sah mich erstaunt an, als ich aufgeregt vor ihrer Tür stand. Natürlich war ich willkommen und durfte mit ihr sprechen. Doch der Mord an Theo van Gogh schien sie nicht zu berühren. „Schade", sagte sie, „aber ist nun mal passiert."

Die Isolation, in der viele Menschen leben, macht mir große Sorgen. Diese eigene Welt, die kaum oder nichts mit der unseren zu tun hat. Die große Frage lautet: Wie durchbricht man diese Absonderung?

Es gibt keine einfache Lösung, das Problem ist komplizierter, als wir uns eingestehen wollen. Die Schulen haben bereits wieder mit einer neuen Generation Eltern mit kleinen Kindern zu tun, die im Ghetto aufwachsen. Die Lehrer, die in solchen Vierteln unterrichten, sind die einzigen, die noch ein wenig mitbekommen, was sich bei den Schülern zuhause abspielt. Sie gehen tagtäglich mit den Kindern um.

Zu meinem Erstaunen gehen die Sozialarbeiter der Stadt, des Bezirks und der Hilfsorganisationen fast nie zu den betreffenden Leuten nach Hause. Obwohl das doch das erste ist, was geschehen sollte. Dann könnte man sehen, wie die Leute leben, was für Probleme sie haben. Es gibt zahllose gut gemeinte Projekte. Doch sie werden am Schreibtisch konzipiert und dort auch meist ausgeführt. Ich war oftmals die erste Niederländerin, die die Familien in ihrer häuslichen Umgebung besuchte.

Früher war es in vielen Schulen üblich, dass der Lehrer den Schüler zuhause aufsuchte. Warum werden die jährlichen Hausbesuche nicht wieder eingeführt, von der Grundschule bis zur weiterführenden Schule? Auf diese Weise könnte sich der Lehrer einen Einblick verschaffen, wie es in der Familie seines Schülers zugeht. Er könnte die Mutter zum Besuch eines Sprachkurses anspornen oder Erziehungsfragen mit den Eltern besprechen.

Die Schule sollte, mehr noch als bisher, der Mittelpunkt im Leben der Eltern und Kinder sein. Der Schulpflichtkontrolleur sollte ein Büro in der Schule haben, die

Sprachkurse könnten dort stattfinden, ein Sozialarbeiter müsste an fünf Tagen in der Woche ansprechbar sein. Die Lehrer und alle anderen Beteiligten könnten sich miteinander beraten.

Kräfte bündeln und die Probleme praktisch angehen. Daran glaube ich mehr als an die x-te Problemstudie oder an das x-te Sozialprojekt für Immigrantinnen oder für entgleiste Jugendliche.

Zur Situation in Deutschland

Nachwort von Christine Henry-Huthmacher

„DIESES BUCH ist die journalistische Erzählung einer
Reise in den unzugänglichsten Erdteil, der existiert: die
verschlossene Welt der traditionellen muslimischen Familie in der modernen europäischen Stadt. Ein Jahr lang
folgte Kleijwegt den Eltern einiger Schüler einer Schule mit hohem Ausländeranteil, in einem Amsterdamer
Problemviertel, in dem auch Mohammed Bouyeri, der
Mörder von Theo van Gogh, aufgewachsen ist." Das
schreibt der niederländische Schriftsteller Geert Mak, selber Autor eines Buches über den Mord an Theo van Gogh,
über dieses Buch.

Wir wissen wenig über das Alltagsleben muslimischer Jugendlicher, auch für Deutschland trifft dies zu. Nur auf
Aufforderung setzen wir uns mit ihrer Lebensrealität
auseinander. Wir haben kaum Einblick in die Lebenswelt,
Erziehungsstile und Erziehungspraktiken ihrer Eltern. Vor
allem dann, wenn diese Jugendlichen die Hauptschule besuchen und ihre Eltern die deutsche Sprache nicht
beherrschen, ist uns ihre Lebenswelt verschlossen. Ihre
Eltern bleiben nahezu „unsichtbar". Von „Parallelgesell-
schaften" ist in der gesellschaftspolitischen Diskussion bei
uns die Rede. Die Einwanderer sprechen eine andere
Sprache, in ihren Familien gelten andere Regeln, es
herrscht das kulturelle Selbstverständnis der Herkunftsländer.

179

Hier setzt die niederländische Journalistin Margalith Kleijwegt an. „Sobald sie die Häuser betritt, entdeckt sie eine
Welt, bestehend aus zerbrochenen Träumen, Trostlosig-
keit und Armut, mitten in einer der reichsten Wohlfahrts-
gesellschaften der Welt. Was man in dieser Amsterdamer
Nachbarschaft sieht, ähnelt den Zuständen in vielen Ent-
wicklungsländern, wo Flucht von ländlicher Armut oft zu
Verkommenheit in Städten führt. Kleijwegt nimmt die Le-
ser mit auf eine faszinierende Tour." Das schreibt Ayaan
Hirsi Ali, die islamische Dissidentin, gegen die Margalith
Kleijwegt Todesdrohungen protokolliert.

Kleijwegt schaut hin und beschreibt. Sie beschreibt die
Schwierigkeit der Eltern und der Jugendlichen, in ihrer
neuen Umgebung heimisch zu werden. Sie berichtet über
die Schwierigkeit der Lehrer, die Eltern und die Jugendlichen zu erreichen. Emotional tief verankert in der Tradition ihres Herkunftslandes leben sie in einer ihnen frem-
den Kultur, in der sie sich oft auch sprachlich nicht ver-
ständigen können. Isolation, Ghettoisierung ist die Folge.
Rigide Lebenskonzepte kollidieren mit freiheitlichen Lebensvorstellungen, es kommt zu religiösen und kulturel-
len Klüften. Traditionelle Rollenvorstellungen prägen nicht
nur das Verhältnis der Eltern, sondern auch das zwischen
Eltern und ihren Kindern.

Für muslimische Eltern ist die Welt außerhalb ihrer
vier Wände oft ein großes Mysterium, mit dem sie nicht
umgehen können. Die Alltagsbewältigung in einer west-
lichen, freiheitlichen Gesellschaft erscheint ihnen als Zu-
mutung. Das hat zur Konsequenz, dass sie die Entwicklung ihrer Kinder überfordert – sie gestalten sie nicht,

sondern halten sich heraus. Die Kinder sind oftmals sich selbst überlassen. Margalith Kleijwegt beschreibt die Überforderung und Ohnmacht der Eltern, denen es schwerfällt, die Realitäten ihres Lebens zu erkennen und mit diesem Leben zurecht zu kommen. Wie können diese Eltern in die Lage versetzt werden, ihren Kindern zu helfen?

Ein Jahr lang hat Margalith Kleijwegt eine „schwarze Klasse" in Amsterdam begleitet. So genannte „schwarze Schulen" sind in den Niederlanden jene Schulen, die von mehr als 90 % der Einwandererkinder besucht werden. In dieser Zeit bekam Margalith Kleijwegt trotz aller Schwierigkeiten Kontakt zu den Müttern der Schüler. Die meisten von ihnen stammen aus Marokko und verfügen über geringe Kenntnisse der niederländischen Lebensrealität. Sie wissen wenig über den Umgang ihrer Kinder außerhalb der Familie, es mangelt ihnen an Sprachkenntnissen. Die Botschaft von Margalith Kleijwegts Fallstudie ist: Das Fehlen der elterlichen pädagogischen Kompetenz ist das Haupthindernis für gelingende Integration. Was sie feststellt, gilt keineswegs nur für die Niederlande.

Mit der präzisen Schilderung einer geschützten und streng reglementierten islamischen Lebenswelt hat Margalith Kleijwegt in den Niederlanden eine lebhafte Diskussion entfacht. Ihre Beobachtungen wurden in einer Situation veröffentlicht, in der sich Berichte über Gewalt in den Schulen, über den Verfall öffentlicher Räume und über Vernachlässigung und Vandalismus häuften. Zwei politische Morde und die kontroverse Diskussion um die muslimische Politikerin Ayaan Hirsi Ali hatten das Thema

„Integration muslimischer Migranten" bereits zwei Jahre zuvor ins Zentrum gerückt.

Margalith Kleijwegt machte ihre Beobachtungen in dem Viertel, in dem Mohammed Bouyeri, der Mörder Theo van Goghs gelebt hatte. (Dass der Mord an Theo van Gogh auch hierzulande immer noch ein Thema ist, hat der Streit um angebliche Äußerungen des deutsch-türkischen Musikers Muhabbet im November 2007 gezeigt.) Ihre Reportagen verzeichnen Stimmungen und beschreiben Verhaltensweisen. Sie zeigen auf, wie Gewalt entsteht. Ähnliche Erfahrungen wie in den Niederlanden, machen wir auch in Deutschland. Hier leben fast 4,5 Millionen Kinder und Jugendliche, deren Eltern oder Großeltern eingewandert sind. Fast jedes dritte Kind unter fünf Jahren hat einen Migrationshintergrund. Junge Migranten und Migrantinnen haben meist schlechtere Bildungschancen als Kinder aus deutschen Elternhäusern. Die Erziehungsziele traditionell orientierter türkischer Eltern beispielsweise, sind geprägt von hoher Aufstiegserwartung für die Kinder. Die hohe Bildungsmotivation wird jedoch durch die Realität des Bildungssystems verringert. Viele brechen die Schule vorzeitig ab und finden nur schwer eine Ausbildungsstelle. Oft liegt es nicht nur an den Sprachkenntnissen, sondern auch an der mangelnden Unterstützung in den Familien. Bei vielen dieser Jugendlichen entsteht das Gefühl, ausgegrenzt zu werden. Innerhalb der zweiten und dritten Generation bestehen oft erhebliche Integrationsdefizite. Zahlreiche Jugendliche mit Migrationshintergrund sprechen schlecht Deutsch, auch wenn sie in Deutschland geboren sind. Sie beherrschen vielfach auch nur noch Bruchstücke ihrer Herkunftssprache. Überdurchschnittlich viele haben keinen Schulabschluss.

Im Neuköllner Norden von Berlin verlässt ein Drittel der Schüler aus Migrantenfamilien die Schule ohne Abschluss. Fast die Hälfte (48,3 %) aller türkischen Jugendlichen besuchen die Hauptschule, lediglich 12,5 % gehen aufs Gymnasium. 40 % der Jugendlichen mit Migrationshintergrund haben keinen Berufsabschluss und 47 % aller jungen erwachsenen Ausländer sind arbeitslos. Mädchen mit türkischem Migrationshintergrund weisen die Besonderheit auf, dass sie in der Altersgruppe zwischen 20 und 26 Jahren zu 47 % erwerbslos sind und zu 37 % nicht erwerbstätig sind. Viele Schüler und Schülerinnen mit Migrationshintergrund durchlaufen das Schulsystem mit deutlich größerer Verzögerung als deutsche Schüler, weil sie zurückgestellt werden oder die Klasse wiederholen müssen. In einigen Bundesländern ist der Anteil von Kindern mit Migrationshintergrund, die eine verzögerte Schullaufbahn aufweisen, doppelt so hoch wie der von Kindern ohne Migrationshintergrund. Hierbei weisen die türkischen Kinder die höchste Rate auf.

In Deutschland fehlten lange Zeit seriöse Statistiken und Einblicke in den Alltag und die konkrete Lebenswelt muslimischer Familien. Wie erste qualitative Studien zeigen, leben Kinder und Jugendliche aus dem traditionellen Gastarbeitermilieu und dem religiös orientierten Milieu im deutschen Alltag zwischen gegensätzlichen Kulturen. Zu Hause erleben sie eine rigide Moral, in der sich der Einzelne mit seinen Bedürfnissen der vorgegebenen autoritären Ordnung unterwerfen muss. Indem ihnen eine archaisch-traditionelle Auffassung der Herkunftsländer vermittelt wird, erleben sie ihr Elternhaus als kulturelle Enklave in der Mehrheitsgesellschaft. Dagegen werden ihnen in den öffentlichen Schulen Werte vermittelt, die zu Hause sowie an konservativen Koranschulen tabuisiert oder diffamiert werden. Die Ansprüche beider Lebenswelten sind kaum vereinbar. Die Kinder und Jugendlichen verspüren ihren Eltern gegenüber auch eine gewisse Überlegenheit, da sie häufig mehr soziale Kontakte haben und die Sprache besser beherrschen. Sie sind ihren Eltern im Umgang mit (Jugend)-Ämtern und Lehrern überlegen. Sie sind Übersetzer und Dolmetscher, Filter für Kontakte und Inhalt. Diese Macht nutzen sie auch aus.

Was bedeutet das für ihre Eltern? Aus ihrer subjektiven Sicht erleben sie, dass sich ihre Kinder außerhalb der Familie in einer ganz anderen Welt bewegen. Der massive Druck, den diese Eltern empfinden, ist auf die herrschende kulturelle Norm einer „moralisch richtigen Erziehung" zurückzuführen. Sie haben das Gefühl, als Eltern persönlich zu versagen, wenn ihre Kinder einen nicht tolerierten westlich-modernen Lebensstil führen. Mit zunehmendem Alter ihrer Kinder fehlen ihnen die Mittel, auf diese Einfluss zu nehmen. Ab dem Jugendalter erreichen sie ihre Kinder immer weniger, weil der Einfluss der Freunde, Szenen und Cliquen, der Schule und am Ausbildungsplatz größer sind. Während Eltern kaum bereit sind, ihre Lebensvorstellungen für sich und ihre Kinder in Frage zu stellen, sehen sie, dass ihre Kinder zunehmend in andere Lebenswelten hineinwachsen und sich ihnen entfremden. Das wiederum führt für sie zu einem Gefühl des Verlustes. Viele dieser Eltern verfügen nicht über die kognitiven, emotionalen und sozialen Kompetenzen, damit konstruktiv umzugehen. Sie greifen häufig zu autoritären Erziehungsmitteln und drastischen Strafen, was man als Ausdruck von Hilflosigkeit betrachten kann.

Hier liegt die Keimzelle für eine Spirale der Gewalt. Autoritäre Erziehungsmethoden wie die Prügelstrafe und innerfamiliäre Gewalt gehören zu den Hauptursachen für die spätere Gewalttätigkeit junger Migranten. Sie erlernen das Verhalten ihrer Eltern. Dies führt – so eine aktuelle Studie – zu einem Integrationsdefizit. Vormoderne Vorstellungen von Männlichkeit, patriarchale Familienstrukturen, die „Familienehre" und mangelndes Rechtsbewusstsein spielen mit hinein. Nach einer Analyse des kriminologischen Forschungsinstituts in Niedersachsen erleben 34,5 % der Jungen und Mädchen in türkischstämmigen Familien Misshandlungen und schwere Züchtigungen. Für deutsche Familien ohne Migrationshintergrund liegen die entsprechenden Zahlen heute bei 12,4 % im Kindesalter und 5,6 % im Jugendalter. Wegen der hohen Schamschwelle und des familiären Loyalitätsdrucks der Befragten sind insgesamt höhere Dunkelziffern wahrscheinlich. Gewalterfahrungen in der Kindheit haben prägenden Einfluss auf das ganze Leben und machen eine spätere Gewaltbereitschaft erheblich wahrscheinlicher. Der Grundstock für kriminelle Karrieren wird also in den Familien gelegt. „Jung, männlich, Migrationshintergrund", dieses Profil trifft überproportional häufig auf Gewalttäter zu. Einwandererkinder greifen häufiger als deutsche Jugendliche zur Gewalt.

Zu der erlernten patriarchal geprägten Geschlechtsrollenidentität, zum Schulversagen, der mangelnden Unterstützung durch die Eltern und der geringen Kenntnis der deutschen Sprache und des Herkunftslandes, kommen häufig ein unzureichendes Rechtsbewusstsein, Selbststigmatisierung, Perspektivlosigkeit im Hinblick auf die Ausbildung und den Beruf und eine Orientierung an gewalt-legitimierenden Männlichkeitsnormen und -konzepten hinzu. Diese Risikofaktoren prägen das spätere Gewaltverhalten der Jugendlichen.

Überforderte Eltern können ihren Kindern nicht helfen. Die meist noch jugendlichen Mütter haben oft nur eingeschränkte Erziehungs- und Pflegequalitäten. Da sie die eigene Persönlichkeitsentwicklung noch nicht abgeschlossen haben, sind sie der Erziehung ihrer Kinder häufig nicht gewachsen. Überforderung und unzureichende Kenntnis über das Entwicklungstempo der Kinder und über die Angemessenheit kindlicher bzw. jugendlicher Verhaltensweisen führen wiederum zu einem Erziehungsstil, der Strafe befürwortet.

Zum Problem wird für viele Kinder und Jugendliche die Arbeitslosigkeit des Vaters. Je länger die Väter vom Erwerbsleben ausgeschlossen sind, desto größer ist ihr Autoritätsverlust. Um dies zu kompensieren, besinnen sie sich auf die aus ihrer Heimat bekannten Normen zurück. Es gibt keine wirksamen Strategien, um den Konflikt zwischen der empfundenen Abwertung durch die Gesellschaft, dem Versagensgefühl in Bezug auf den sozialen und ökonomischen Aufstieg und der Erwartung zur Verkörperung von tradierten Männlichkeitsvorstellungen zu bewältigen. Die Gewalterfahrung der Eltern und die Gewalt in der Erziehung kommen erschwerend hinzu. Das im Herkunftsland erlernte Selbstverständnis des Mannes erlaubt ihm die Ausübung von Gewalt gegenüber seiner Frau und seinen Kindern. Die Verwurzelung im traditionellen Denken und Handeln ist oft so tief, dass Recht und Gesetz nicht anerkannt wird. Der gewalttätige Mann besitzt vielfach kein Unrechtsbewusstsein. Seiner Meinung nach wird etwas getan, was getan werden muss. So werden 35 % der Kinder türkischer Herkunft Opfer von Misshandlungen und schwerer Züchtigung durch ihre Eltern, bei den Jugendlichen sind es noch 22 %. 32 % der türkischen Jugendlichen wurden in einem Zeitraum von zwölf Monaten Zeugen der Gewalt zwischen den Eltern.

Wo können, wo müssen wir ansetzen? Bildungs- und Erziehungsmaßnahmen sind eine wesentliche Voraussetzung dafür, dass junge Menschen überhaupt Chancen auf dem Ausbildungs- und Arbeitsmarkt bekommen. Die Fürsorge beginnt im Kindergarten mit einer verbesserten Bildung und Betreuung der Kinder aus zugewanderten Familien. Das bedeutet Sprachförderung, Einbeziehung der Eltern in den Kindergarten und in die Schule. Elternarbeit muss gefördert werden. Um die Spirale der Gewalt zu durchbrechen, muss vor allem in den Hauptschulen Gewaltprävention betrieben werden. Wichtig sind Sprachförderung und der Ausbau von Ganztagsschulen sowie Freizeiteinrichtungen mit einem speziellen Angebot für die Jugendlichen. Denn die Jugendlichen haben das Problem, dass sie in viele Diskos nicht hineingelassen werden. Da staut sich dann ein großes Potenzial an Frustration bei ihnen an. Aber das allein reicht nicht aus. Es bedarf auch einer Kooperation und Vernetzung von Jugendhilfe, Schule und Polizei. Durch Zusammenarbeit der verschiedenen Instanzen, kann die Bildungs- und Ausbildungssituation junger Menschen aus Zuwandererfamilien verbessert werden. Erste Gehversuche in diese Richtung sind gemacht wie der nationale Integrationsplan der Bundesregierung zeigt. Weitere Schritte müssen folgen. Wir brauchen ein

kulturelles Klima, in dem die Vorbildfunktion in Kinder-
tagesstätten, Schulen, Ausbildungsplätzen herausgestellt
wird. Das Vorleben von friedlicher Konfliktlösung kann
Jugendlichen Anreiz zur Nachahmung geben.

Zu dem notwendigen Klimawandel gehört allerdings
auch eine Haltung der sozialen Anteilnahme, wie Margalith Kleijwegt in ihren Berichten zeigt: Nur eine Kultur
des Hinsehens, Zivilcourage, kann dazu beitragen, Gewalt
zu verhindern.

Literaturverzeichnis

Baier, Dirk & Pfeiffer, Christian: Gewalttätigkeit bei deutschen und nicht-deutschen Jugendlichen – Befunde der Schülerbefragung 2005 und Folgerung für die Prävention, KFN-Forschungsbericht Nr. 100, Hannover 2007

John, Susanne: Integration – diskriminiert oder selbst ausgegrenzt? DJI 2007/10

Konsortium Bildungsberichterstattung: Bildung in Deutschland, Bielefeld 2006

Rauschenbach, Thomas: Kinder und Jugendliche mit Migrationshintergrund, Vortrag 10.7.2006 „Bildungschancen und Erziehung" der Kommission der CDU

Landeskommission Berlin gegen Gewalt, Berliner Forum Gewaltprävention, Nr. 28, Berlin 2007